建築家とは 2

鋤納忠治

鋤納忠治の設計術

建築ジャーナル

グランワォート目黒

木々に囲まれたアプローチ

［対談］

イメージを実現する喜び

塚本 宏×鋤納忠治

鋤納――今、私たちがいる「グランフォート目黒」（一九九八年）のできる前に建っていた塚本先生の住宅も私が設計しました。確か、一九七四年竣工です。伊藤建築設計事務所の設立が一九六七年ですから、伊藤鑛一と一緒にあいさつに来たのを覚えています。

塚本――八芳園で竣工パーティーをしましたよね。

鋤納――千代田火災の営繕課長だった浅野英治さんの紹介でした。

塚本――浅野さんのお父さんと私の父が知り合いで、鋤納さんが設計する前の木造の家の離れに英治さんが下宿していまして、なぜか、私と気が合った。

鋤納――浅野さんは法政大学建築学科出身の一級建築士で、大江宏さんの門下だった人でした。

塚本――丸い家の図面を描いてきて、どうだというんでこれは困ったと。

鋤納――で、私が紹介されたんだけれど、私は住宅はやらないと言って断ろうとしたら、伊藤鑛一に設計事務所という看板を掲げている以上、頼まれたらやるべきだと言われたのです。

如庵の写し

塚本――関東大震災後に建てられた古い家だったんですが、なんとなく建て替えようという気になったんです。

鋤納――塚本先生は横浜中央病院の脳外科部長もされていて医師としても著名な方なんですが、一方でご夫妻とも有楽流の茶人でもあるのです。その住宅の離れに織田有楽斎の如庵の写しを建てることになったんですけれど。

塚本――如庵の写しを建てようというのは鋤納さんに啓蒙されて、それはいいなと思ったんです。

鋤納――そうでしたっけ。まったく偶然だったんですけれど、愛知県犬山市にある名鉄系の犬山ホテルの前庭に如庵が移築されることになったんです。名鉄もクライアントだったので、紹介してもらって、現場の担当者に、大きなハトロン紙を継ぎ足して、本物の如庵の華頭口のカーブを原寸で写し取ってもらいました。写しというのは一切こちらの意図を加えてはならないものと思っています。

塚本――いわゆる有楽窓に使う竹もね、大変なんですよ。たくさんの竹の中から選んで、本数も、太さも、節の数も、できるだけ如庵と同じでなくてはならない。

鋤納――そうして苦労してつくった茶室が、庭に入り込んだ心ない人のたばこの投げ捨てで焼失して。先生はがっくりされて、大変気に入っておられた折角の家を全部建て替えられることになりました。

グランフォート目黒 外観

建て主の信頼から生まれた「グランフォート目黒」

塚本――父が草創期のグラフィックデザイナー❖で、自分の作品を実現するため敷地内に印刷工場を持っていたのです。その跡地の北側に一九六七年ごろ、3階建ての「塚本マンション」を建てていたのですが、地震があったら危ないので、そろそろ建て替えようかと。建て替えるのだったら、自宅も壊して二千坪の敷地をフルに生かして鋤納さんに自由に設計してもらおうと思ったんです。

鋤納――私は、マンションもやったことがなくて、いろいろと勉強しました。

よっぽど余裕のある人でないと、賃貸マンションはつくれないのです。しかも庭をできるだけ残して、容積率も少し残してそこに大家さんが住むというのもあまりないでしょう。

塚本――分譲マンションにしたら自分のものじゃなくなりますからそれは嫌だと。思い立ったらやらないではいられない性格で、とにかく何かを建てたいと、資金も銀行と交渉して。

鋤納――とにかく以前の家の庭を残せるだけ残す。それと、目黒区指定の保存樹をできるだけ残して設計するのが私としての設計条件でした。

このマンションの設計の一番の特徴は、私が得意とする配置計画ということになります。コの字型の低層五十軒分のすべてに十分のプライバシーと採光が得られる配置の中で、中庭に指定木の大きな楠を採り入れたのは、まさに私の設計術のなせるワザでした。マンション販売大手の三井不動産住宅リースにも、私の設計の意図が完成するまで分からなかったようでした。完成してみると下見に来て断った人は一人もなく、年々家賃が上がっていくという具合でした。

塚本――それと、茶室も忘れてはいけない。如庵の写しの再現。今度は室内に。「如意庵」というのですよ。鋤納さんの命名で扁額も鋤納さんの書です。

鋤納――室内に如庵の写しを入れるとともに、先生の収集美術品を展示するために、一室分をギャラリーにして庭との関係も考えて床を二十五センチ下げたのです。地中梁もその分下げなくてはならなくて、なかなか構造的にも難しかったです。

塚本――そういうことは、私は知らないから(笑)。それから、マンションロビーに屏風を飾りたかった。

鋤納――六曲屏風が二連です。それに合わせて玄関ギャラリーを設計しました。賃貸マンションでは、なかなかない空間です。

塚本――季節に合わせて取り換えるのが大変なの。庭もですけれど。

建築の楽しみ

鋤納――結局、先生は建築が好きで、建築の素養が豊かなのです。十年ごとに何か建てようという話で、銀座の「出雲ビル」(一九八四年)も設計させてもらいました。

❖塚本閤治(つかもと・こうじ)　一八九六―一九六五年、東京出身、東京美術学校卒業。写真家、デザイナー。山岳写真、小型映画制作の先駆者として知られる

コの字型の低層五十戸分のすべてに十分なプライバシーと採光が得られる配置計画。
既存保存指定樹の大きな楠を、建物をよけながらうまく採り入れた

塚本――そうそう。出雲というのは銀座の出雲町にあるから。資生堂ビルの西側。明治のころは父がここにも印刷工場を持っていて、関東大震災後に復興助成金が出て、それもあって建てたらしいです。建物は鉄筋コンクリート八階建てでしたが、地下の杭が木で、腐ってしまって、建て替えることに。

鋤納――芸大の岡田捷五郎先生設計のビルだったんですけれど。

先生は建築家になりたかったとも聞いています。

塚本――建築をつくる面白さはありますね。やはり、自分のイメージと出来上がったものが一致してくれると喜びです。あまり細かい注文はしないんですけれども。鋤納さんには伝わるんですね。

鋤納――先生は医師でもあるけれど、根底にはお茶人だということがある。学生時代に入手したという有楽作楽茶碗をお持ちで、「有楽展」などのたびに貸し出しておられます。お茶は、総合芸術ですからね。先生の趣向、考えていらっしゃることは、わかりますよ。

塚本先生と私との共通の趣味はいろいろある中で、特に囲碁。昔は先生の方がお強かったと記憶していますが、最近はほぼ互角。有名な「名人戦」などが行われた直後に、よく泊りがけでその席へ行って碁を打ちました。

写真右:塚本 宏　左:鋤納忠治

塚本――鋤納さんは、なんだか、このあたりに乗っかっているっていう感じなんですよ。鋤納さん評は一言では言えないけれど、本来の自分の意見を十分に咀嚼してもっている人ですね。

借り物でない、自分があるというのかな。自宅を建てたり、マンションを建てたのは、鋤納さんがいたからこそ。この人がいなかったら、私の宇宙はありません。それは明らかです。

つかもと・ひろし…一九三一年香川県生まれ。日本大学医学部卒業。脳外科医。横浜中央病院を経てＴＯＣ診療所を開設。塚本商会を設立し、銀座出雲ビル、グランフォート目黒の建築主。有楽流中村宗美に師事

グランフォート目黒 室内風景。
茶室の扁額は鋤納忠治が自ら揮毫した

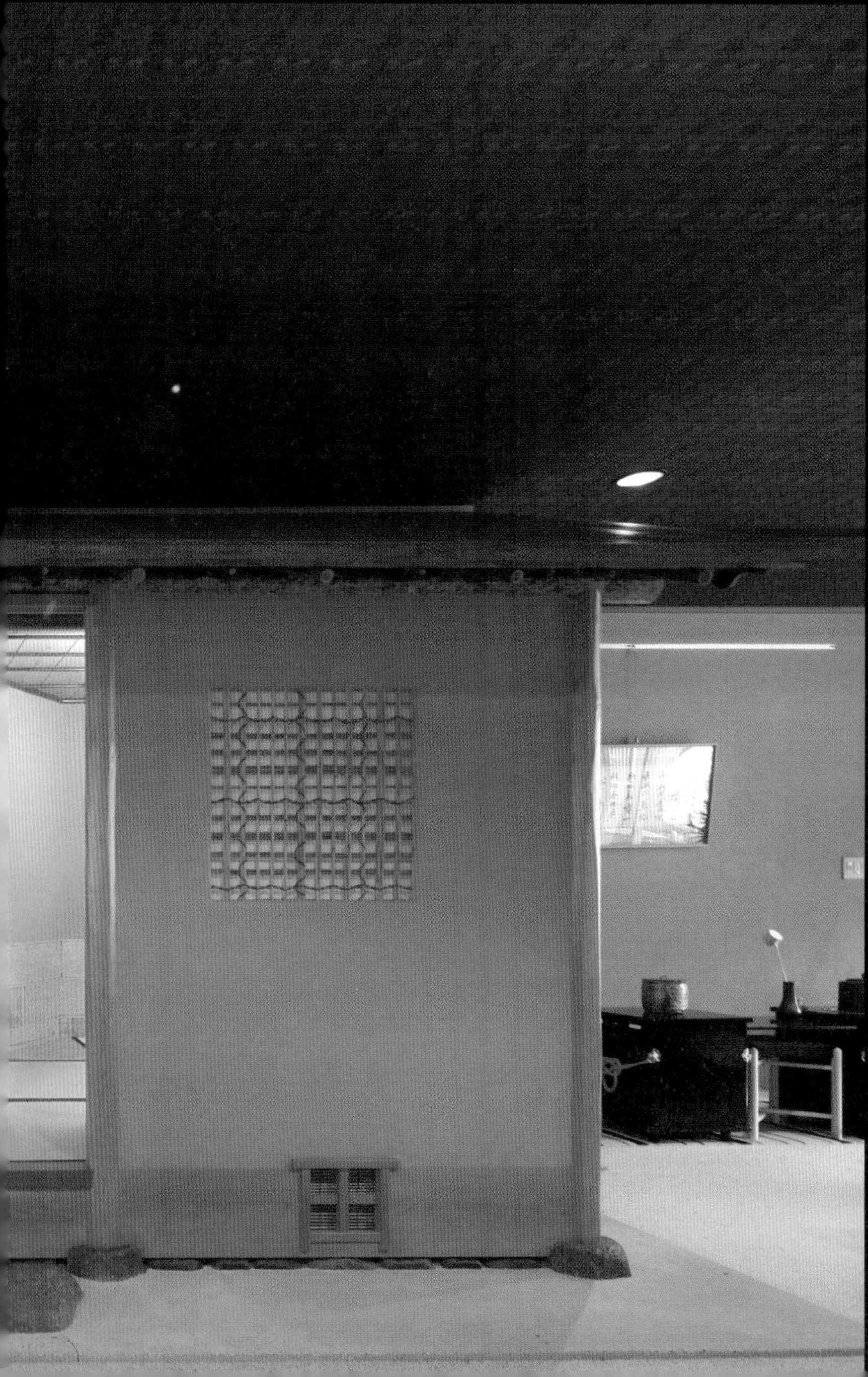

有楽流の茶人でもある建て主のため、
織田有楽斎の「如庵」の写しを居室内に建てた。
「有楽窓」に使う竹の種類や太さ、節の数も、
すべて本物と同じにそろえるなど
要望に徹底して応えた

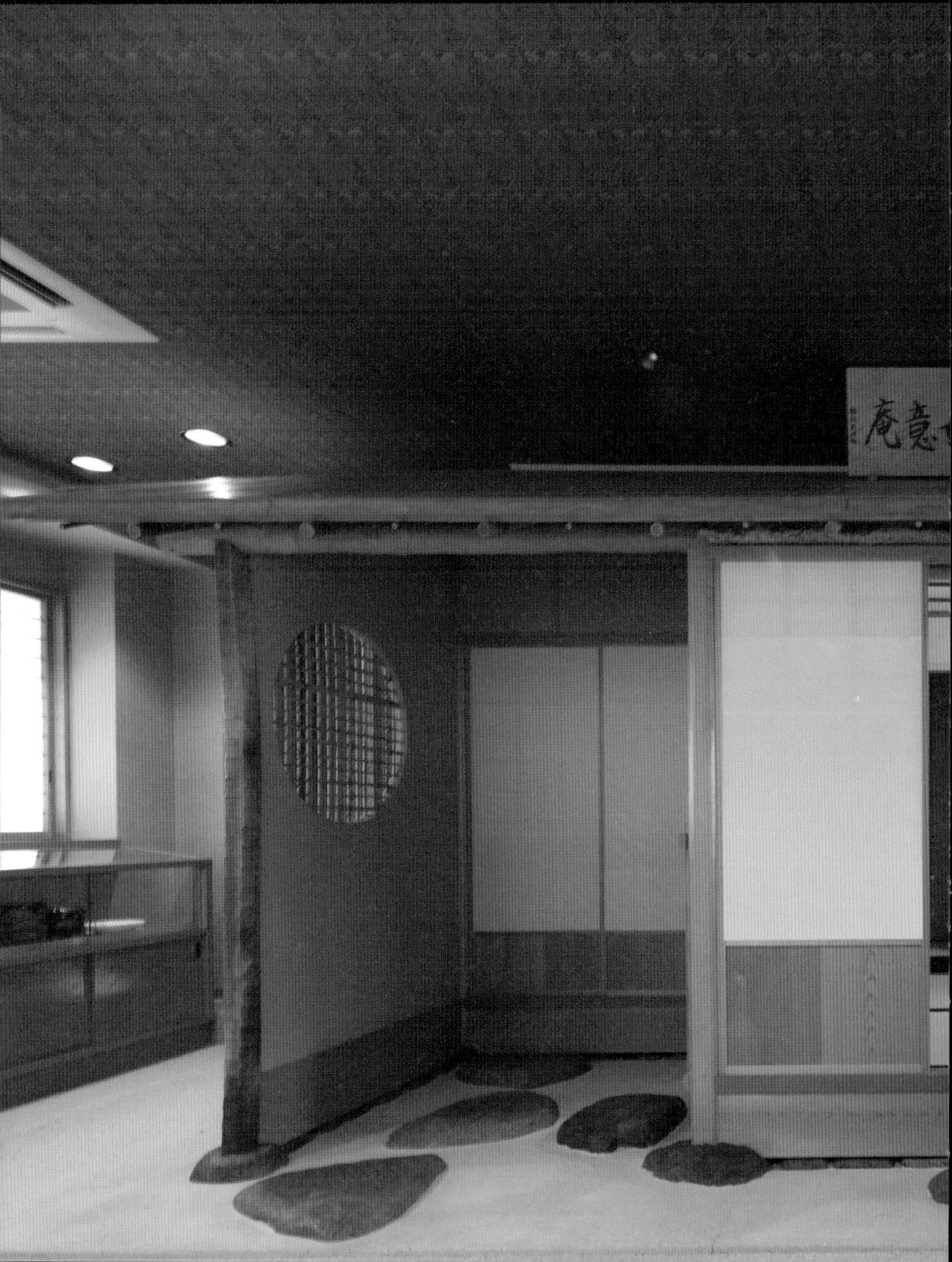

以前の家の庭と目黒区指定の保存樹をできるだけ残して設計するのが設計者としての条件だった

ツインアーチ138の周囲を四季折々の花が彩る。
秋にはキバナコスモスが咲き誇る

放物線の先　思いは空へ

ツインアーチ138(愛知県一宮市)

六郷孝也

空に落ちていく気がして、思わず地面の芝をつかんだ。このタワーの下に寝っ転がって真上を見ると、放物線の先にある雲の流れが、下界の現象のように見えて来た。

建築は、ときに人を異空間に誘う。

愛知県一宮市の木曽川沿いに立つ「ツインアーチ138」は、近づいてみて、さらにおもしろさが味わえるタワーだ。

全国に百数十基ある展望タワーのなかでも、類例のない形状だ。アーチ高は百三十八メートルと百二十八メートルある。円盤状の展望室は十字に渡した桁につり下がっている。床が地上高百メートルだ。垂直に地上をつなぐのはエレベーターと階段で、下から展望室を支える構造ではない。

設計者の鋤納忠治さん(八十)によると、コンペで選ばれた当時は、エレベーターの外壁は透明で、建築基準法で二本必要な階段は、アーチの中に隠していた。アーチの鉄骨を囲っている白い鉄板は、空を映すジュラルミンにして、透明感を高めたかった。が、建築費との「妥協」もまた建築家の仕事だった。

展望室から木曽川を見下ろした。水田の単調な緑と違って、河川敷の木々は緑の濃淡が楽しい。河口へ、源流へ。隠された操縦桿を探しだし、浮遊したい気分だった。

(朝日新聞二〇一二年九月十二日「東海再発見二〇一二」)

目次

第二章 日建設計時代と伊藤建築設計事務所ができるまで 1954–1967 32

第三章

第四章　鋤納設計術五つの実践例 59

第五章

設計とは、建築家とは 82

写真
井上 玄
［P2–13］「グランフォート目黒」
川津陽一
［P14–15］「ツインアーチ138」

スケッチ
鋤納忠治

インタビュー

鋤納忠治の設計術

第一章

戦争と京都での学生時代

1931–1954

豊中生まれ、戦火の中での幼少期

一九三一（昭和六）年九月二二日、大阪府豊中市に生まれました。阪急宝塚線の豊中駅から西へまっすぐ伸びる住宅地、本通り二丁目の北西角地に祖父が建てた家があり、そこで暮らしていました。

幼少期の一番大きな体験はやはり戦争です。豊中市立第一小学校に入学し、四年生になった一九四一年、日本が太平洋戦争を始めます。小学校は国民学校に名前が変わり、戦時下に一変しました。

戦火がだんだんと激しくなる中、大阪府立豊中中学校に入学したものの、中学では勤労奉仕ばかりでした。二年生になった一九四五年の三月一三日から一四日にかけて大阪市内への一回目の大空襲があり、翌日、父に連れられて大阪市内へ行くと一面焼け野原でまったく原形をとどめていない、大変な惨状でした。

わが家がやられたのは三回目の大空襲があった六月七日のことです。北西に伊丹飛行場（現・伊丹空港）があって、そこへB29による空爆があり、その流れでわが家の前の道路に一トン爆弾が落とされ、母と祖母が庭の防空壕に入った瞬間に爆弾がさく裂したそうです。母は爆風で左耳をやられました。私は勤労動員で池田方面の山へトンネルを掘りに行っていた。豊中がやられたというので、産業道路を走っていたトラックに乗せてもらって急いで家へ帰ると、わが家は屋根や壁・建具がみんな飛ばされて、柱と梁だけがまるで「建て方」のような恰好で残っていた。その時の光景は強烈に目に焼き付いています。

父の思い出

父は一八八九年生まれで、大阪府立一中(現・北野高校)を卒業後、東京外国語学校の英米語科を卒業しています。当時、この学校だけが数学の試験がなかったからだと聞きました。卒業して某大手会社に勤務したのですが、社長秘書をやらされ、来る日も来る日も来客に頭を下げてばっかりだったのでいやになり、会社勤めを辞めて英語の先生になったのだそうです。そして大阪市立天王寺商業学校で英語教師として長年奉職していましたが、戦時下では商業学校はいらないということで皆工業学校に変わってしまい、そのときにほかの工業学校の校長になっていたようです。

最初の大阪市の大空襲で勤務先の学校が焼失し、奉安殿も燃えて、その中にあった教育勅語と御真影も焼失したということで父は責任を取って辞職してしまいました。当時、兄は大学、姉二人は高等女学校で私が中学二年生。四人の子どもが皆学校へ通っていて、家は爆弾でつぶされて住むところもないといった状態で、それは本当に大変だったのです。壊された

奇跡的に兄が所持していたので残された唯一の家族写真。
空爆で家が破壊される直前の1943年5月1日、豊中市の自宅庭先で撮影。写真右下が鋤納忠治

家の土地を売って、親戚やいろんなところを渡り歩いて暮らしていました。

終戦後その窮状を知った天商時代の教え子の一人が、自分が社長をやっている会社で父を雇ってくれて、そのうえ吹田に家も与えてくれ、それでなんとか終戦後も暮らしていくことができました。教師という職業がいかにありがたい、尊いものであるかということを身をもって知った経験でした。

左利きの子

小学校四年生のときに太平洋戦争がはじまり、中学校二年生で敗戦を迎えました。勤労動員や戦中終戦後の混乱でじっくり勉強する機会などほとんどなかった。敗戦後も学制改革[1]やらに振り回されて。なので数学や英語、そういう基礎的学問はほとんどできていないわけです。だけど、小学校のころは図画工作、音楽、書道などは人よりもだいぶん得意だった。そういうのを周りで「左利きの子」と言っていました。

中学校一年生のとき「自分の家の平面図を描きなさい」という課題が出て、戦災にあう前の家の図面を初めて描いて褒められた思い出があります。年の離れた末っ子だったこともあって、父が展覧会などによく連れて行ってくれたことも、「左利き」への影響があったのかもしれません。戦時中に見た藤田嗣治の戦争画展で、倒れた兵隊の靴の裏に鋲が一つひとつ描いてあったことなど今でもよく覚えています。そういえば御堂筋心斎橋に「そごう百貨店」(一九三七年)ができたとき、父親に連れられて見に行ったこともあった。白い大きな壁のビルが建っていたのを

❖1　一九四七(昭和二十二)年に行われた教育課程の大規模な改編のこと

覚えています。後になってわかったことですが村野藤吾さんと父親はほぼ同じ年でした。

「建築へ」背中を押してくれた恩師

一九四五年八月十五日、太平洋戦争が終戦となりました。人々は皆茫然自失の状態。そのころは親戚の家を転々としたりして居場所がなかったこともあり、毎日のように夕方まで友人の家で鉄道模型をつくって遊んでいました。今のようにパーツを組み立てるのではなく、図面から起こしてボール紙やブリキを切り抜いてはんだ付けなどをして一からつくっていたのです。友人の家の四畳半いっぱいにレールを敷いて電車を走らせていたなあ。

その友人のお父さんが大阪市役所の建築課の技師として働いていて、「名古屋市役所庁舎のコンペ[2]」に個人で応募して佳作に入るような人でもあってね。『新建築』であったか当時の大判の建築雑誌に載ったその作品を見せられて、感心したのを鮮明に覚えています。それが建築の道へ進むきっかけの一つになったかもしれません。その友だちは、当時ＮＨＫの「二十の扉」という番組の司会を務めていた藤倉修一アナウンサーにあこがれて、一浪までして東京の私立大学で標準語の勉強をし、後に朝日テレビ(当時は大阪テレビ放送)開局時の第一期アナウンサーになりました。建築家の息子がアナウンサーになって、英語教師の息子が建築家になったわけです。

終戦後の学制改革によって、私は豊中中学四年から新制豊中高校の二年生に編入になりました。勤労動員や空襲で亡くなった先生もいて大変困難な時代でしたが、戦時中とは一転してのんびりとした高校生活を送っていました。そんな中、重本長生先生という先生が私たちの担

❖2　「名古屋市庁舎建築意匠設計競技」は一九二九―一九三〇(昭和四―五)年に行われた。平林金吾が金賞を受賞。唐破風屋根を載せた日本趣味の帝冠様式が採用された。竣工は一九三三(昭和八)年。若き日の伊藤鏞一も応募している

任になった。東京大学の国文学科を出た偉い先生でした。私の素質を見抜いてか進学の時期が来たとき、この先生が「京都工芸繊維大学（以下、京都工繊大）に建築学科があるからそこを受験しなさい」と言ってくれた。なんでも先生の義父さんが旧国立京都高等工芸学校（のちの京都工繊大）の第一期生で、親しみのある学校なのだということでした。

重本先生の紹介で京都工繊大教養課程の物理学の先生に会いに行きました。その先生から「建築はよっぽど好きでないと務まらない。本当に志があるなら受験しなさい」と諭されたのを覚えています。新制大学になって二年目の一九四九年に京都工繊大の建築工芸学科に運よく入学しました。この年豊中高校からこの大学を受験したのは私一人でした。

設計製図の関門

京都工繊大では、ほかの大学とは違って最初の教養課程の時期からいきなり建築の専門教科を学びます。一回生から設計製図の授業もあった。

白石博三❖[3]先生の設計製図という講座で、最初の課題は住宅の平面図・立面図のコピーでした。まずどの住宅を選ぶかが最初の関門だった。有名なフランク・ロイド・ライトやル・コルビュジエの作品をもっていくとすぐ通るけれど、そうではない建築家、たとえばマルセル・ブロイヤーの住宅をもっていってもなかなか通してもらえない。私はリチャード・ノイトラ❖[4]の「Tremaine House」を描いたけれど、先生から「なぜノイトラなんだ」と問い詰められた記憶がある。絵画実習では、一回生と三回生が洋画家の霜鳥之彦さん、二回生と四回生は国画界の重鎮

❖3　白石博三（しらいし・ひろぞう）一九一五―二〇〇三年。南満州工専教授。京都高等工芸学校教授、京都工芸繊維大学工芸学部教授。のちに京都工芸繊維大学名誉教授。工学博士

❖4　リチャード・ノイトラ。一八九二―一九七〇年。建築家。オーストリア生まれのユダヤ系ドイツ人。一九二三年アメリカに移住し帰化。代表作にカウフマン邸（建て主はフランク・ロイド・ライトの「落水荘」と同じエドガー・カウフマン）など

❖5　藤原儀一（ふじわら・ぎいち）一八九八―一九六九年。京都市技師、彦根工専教授などを経て京都工芸繊維大教授。書院造の歴史研修で知られる

である須田国太郎さんから教わりました。

当時、京都工織大には藤原義一[5]先生という(中村昌生[6]さんが助手を務めていた)建築史の有名な先生がいて、當麻寺《たいまでら》や室生寺《むろうじ》など京都・奈良周辺のお寺の見学によく連れて行ってくれました。当時はまだお米は配給制でしたので、泊りがけの見学旅の時は、各自米一合を持参しました。

「昔はここは草履で歩いていたのだ。そんな靴を履いていては本当のお寺参りのありがたさはわからない」と言われ、駅前で売っていた草履を買って室生寺まで行ったときには、足がパンパンになって草履で擦り切れて足から血が出るくらい痛かった。先生は、「そうじゃないと昔の人の本当のことは分からない」と言ってね。先生も私も囲碁が好きで、泊りがけで行ったお寺でいっしょに碁を打ったりもしました。

村野藤吾建築で現場実習

大学三回生の夏休みには、一カ月間の現場実習が必修課程としてありました。私は竹中工務店で実習することになり、関西大学の吹田キャンパスの現場へ振り分けられ、それが村野藤吾さんの扇形の階段教室の現場[7]だった。私は、階段教室の扇形の寸法を出すのを任されて、三角関数で計算したりもしたけれど、あまり信用されなかったのか結局現場のコンクリートの床に原

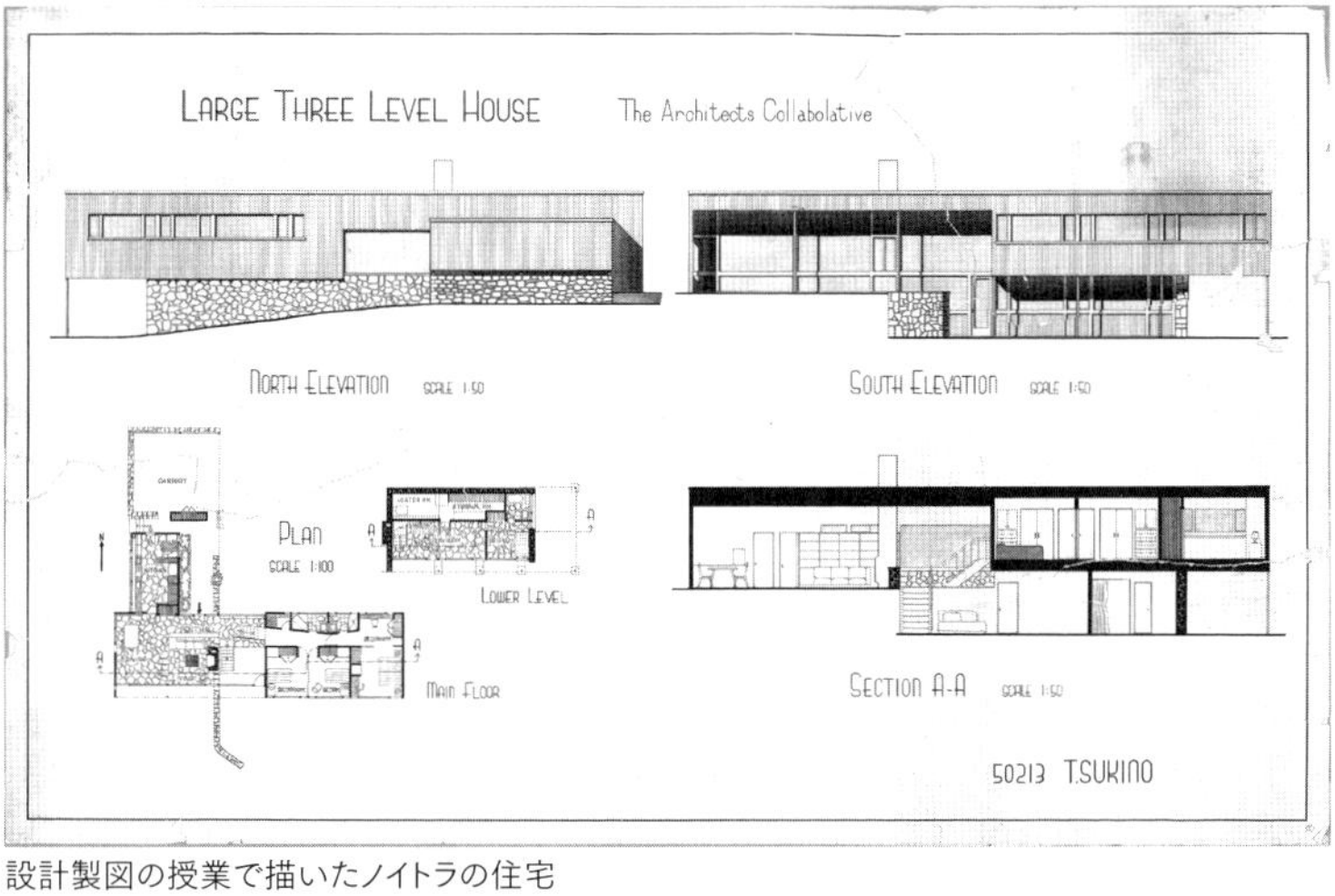

設計製図の授業で描いたノイトラの住宅

寸図を描いてつくりました。

村野さんはその間現場には現れなかったけれど、竹中工務店会長の竹中藤右衛門さんが一度視察に来ました。「藤右衛門さんが現場に落ちていた釘を拾って、『この釘は一本いくらしますか』と聞かれて誰も答えられなかった」といった逸話がいっぱいある。それで藤右衛門さんが現場に来る時には、前日から皆仕事そっちのけでゴミ一つ落ちていないように掃除をした。学生相手に現場の若い主任が真剣に指導をしてくれて、竹中工務店での一カ月間の現場実習は大変ありがたい建築の体験だったと感謝しています。

遊びの中から建築を学ぶ

大学二回生か三回生のころから奨学金をもらっていました。ちょうど奨学金制度ができて間もないころで、もらえたのは学生全体の一割くらいと聞いています。成績や親の収入などを勘案して支給されるか否か決まるのです。たしか当時のお金で月に二千百円が支給されました。大変ありがたいことでしたね。後々のことですが、結婚して給与明細を見た妻に「月々給料から引かれているものがあるけれど、これはなに？」と聞かれ「奨学金の返済だ」と答えると「早く返してしまいなさい」と言われボーナスのときにすべて返し終わりました。

私は小さいころから体が弱くて、季節の変わり目になると、必ずと言ってよいほど風邪をひきます。それが試験の時期と重なったりすると大変苦労をしていたわけです。そうした体験から単位が取れずに卒業できなくなると困るからと、三回生の内に取れる単位は全部取りまし

❖6　中村昌生（なかむら・まさお）一九二七―二〇一八年。愛知県出身の建築家、建築史家（日本建築史）。京都工芸繊維大学名誉教授、福井工業大学名誉教授。専攻は日本建築。工学博士

❖7　階段教室は、地形に合わせて平面的には扇形、断面的には階段状になったユニークな形状の建物で一九五二年に竣工したが、一九七四年に撤去されている（建築概要は「『関西大学博物館紀要』十巻「関西大学における村野藤吾の建築とその後」川道麟太郎著二〇〇四年」参照）

た。四回生でしか取れない必修の単位以外は取り終えていたので、四回生の一年間だけ大学近くの友達の家へ下宿させてもらって、京都での暮らしを満喫しました。建築には茶道は必須だとして、祇園で有名な裏千家流の先生にお茶を習ってみたり、身のこなしが茶道に通ずるなどと理屈をつけてダンス教室に通ってみたり、友達にお茶屋さんに顔の利くのがいて、昼間に普段着のセーターを着た芸者さんにお好み焼きを焼いてもらったり。京都は学生のまちだから大事にしてくれるんです。もちろん京都の社寺などの見学もしました。

学生運動も激しくてね。製図室にいると日米安保批准反対運動などのデモに参加せよと引っ張り出されて、しょうがないから行くと警察が来て放水され皆一斉に逃げるわけです。同志社大学はまちの真ん中にあってそういうときの避難場所になっていた。大学の中は治外法権で警察も入ってこない。逃げ遅れた学生は捕まって豚箱へ放り込まれ、翌日教授が警察へもらい受けに行くわけです。平常は製図室が居場所でした。私は製図室での徹夜が得意で、設計課題の提出日の前夜は必ず徹夜をしていました。そんなことで半分遊びながら建築を学びました。

第二章

日建設計時代と伊藤建築設計事務所ができるまで

1954–1967

日建設計へ入社、名古屋へ

後に日建設計の会長になる山根正次郎❖8さんは、京都工芸繊維大学の白石博三先生とは京都大学の同窓で親しかったらしいのです。山根さんは毎年夏休みになると白石先生を訪ねて、学生の製図を見ていくのだと後々になって聞いたのですが、その結果かどうか、同期で三人が日建を受けることになりました。一九五三年に日建設計の大阪本社で数人のお歴々から面接試験を受けて、一九五四年の四月に入社となりました。二人が合格し、「君は次男だから二年ほど名古屋へ行ってくれ」と言われて、妙な理屈だなと思いましたが、素直に名古屋へ行くことにしました。同級の一人からは「都落ちか」と言われました。日建設計ができたのが一九五〇年ですから、その四年後に入社したわけです。

一九五四年三月末に名古屋に来て、最初に行ったのが「丸栄百貨店」(一九五三)です。村野藤吾さんの設計で日本建築学会賞を取った翌年だったと思います。昔は名古屋駅から栄まで行くのに広小路通りしか使える道がなくて、初めて歩いて行った時には、人もいないしビルもないし、田舎のまちだなあと思ったものです。それでも広小路通りだけはそれなりににぎわっていました。

❖8 山根正次郎(やまね・しょうじろう)一九一二—二〇〇六年。一九三六年京都帝国大学工学部建築学科卒業後、長谷部竹腰建築事務所に入所。戦後、事務所の組織形態も変遷し、住友土地工務株式会社建築部、日本建設産業株式会社建築部、日建設計工務株式会社(のちの日建設計)となり、その間名古屋事務所長や取締役副社長、取締役会長などを歴任した丸栄の屋上からまちを眺めるとつくりかけのテレビ塔の脚が四本あるだけで、周りはまだ何にもない焼け野原でした。民間放送が一九五六年くらいから始まるということで、それに向けて日建でテレビ塔や民間放送局のビルを設計してつくっていったのです。その後、東海テレビの設計を日建が受注し、私が設計を担当することになります。

日建設計の名古屋事務所は、大津通り沿いにあった当時の「東海銀行中支店」三階のワンフロアを借りて使っていました。そのころの名古屋事務所は三〇名程度の所帯で、同期入社は数名でした。設計事務所で株式会社という形態も珍しくて、ほかの大手設計事務所からは馬鹿にされていました。そのころから大阪事務所の薬袋公明さんや橋本喬行さんらが中心となって、名古屋事務所と東京事務所の元気な若手が連携して秘密裡に職員組合を成立させたのです。

名古屋へ来てすぐは、計画道路だった久屋大通の東側あたりに下宿を借りていました。朝晩二食付きで月六千円。初めてもらった給料が七千八百円だったから全然やっていけない。当時名古屋事務所長だった伊藤鑛一❖9さんが、郷里から出て名古屋へ来た職員だけに月々三千円の補助金を出してくれて、それで何とかやっていけていました。

❖9　伊藤鑛一（いとう・こういち）一九〇〇―一九八七年。日建設計工務株式会社二代目社長。のちに独立し一九六七年に伊藤建築設計事務所を設立

日建設計栄寮にて。1957～1958年頃

初仕事と一級建築士資格取得

最初のうちは先輩が設計した計画案のパースを描いたりしていました。そのうちに銀行支店とか事務所ビルの計画案を次々とつくらされました。初めての設計の仕事は「岐阜信用金庫神田町支店」で、平面計画とファサードデザインを提出しました。細長いウナギの寝床のような敷地で、一階に営業室や金庫、バックヤードを設け、二階に事務室や食堂などを設ける、ほとんど現代の銀行と同じような形態です。金庫室には非常時の出入り口となるマンホールを付けました。その案が採用になって、私が描いた絵を事務所の先輩が本設計に起こして建てたのが第一号です。もう六十年以上前ですね。

入社後二年の実務を経て三年目の夏に一級建築士試験を受けようとしたんです。土曜・日曜日の二日間で試験があり、試験会場は名古屋工業大学でした。ところが、試験の前日の夕方になって事務所次長の福田佐二さんが、ビルの計画を一つやれと言うのです。しかも週明けの月曜に提出せよと。それで私が「土日に試験があります」と言うと、「馬鹿もん！　一級建築士試験は毎年あるけれど、この仕事は今この時しかないんだ」と一喝。今だったら、パワハラものですね。結局、試験を受けて、日曜日の夜に突貫仕事でビルの計画案をつくって、提出しました。そんなことがありましたが試験も無事通ることができました。

だけど資格ができて間もないそのころは、一級建築士なんて馬鹿にしていてね。林昌二さんなんか「そんなものいらん」と言っていた。後々やっぱりないと仕事に差し支えるということがわかって受けていたけれど。一級建築士資格制度ができたのが一九五〇年で、最初のころは、学歴と実務経験があれば無試験で一級をもらえたんです。だからちゃんと試験を受けて一級を取ったのは僕らが本当に最初のころでした。戦前は設計をしようと思ったら警察に届け出をして許可をもらって建てていました。今の建築基準法のようなものもあるにはあったけれど、実質は自主規制のようなものだった。

あるとき某建設会社の御曹司が一級建築士試験を替え玉受験して、それが新聞にスクープされたことがありました。替え玉してまで取りたい資格なのかと、それまで一般にはあまり知られていなかった一級建築士という資格を世に知らしめた事件でした。

修行時代と結婚

名古屋事務所長だった伊藤鑛一さんは、とにかくお客さんの信用を勝ち取って仕事を得るのがうまくて、設計界では「伊藤さんが歩いた後には仕事は残らない」とまで言われたそうです。広小路にあった朝日生命ビルを今の日建名古屋ビルがあるところまで曳いてきて自社ビルにしたのですが、その時に関係をつくって、後に東京八重洲口近くに「朝日東海ビル」という超高層を建てる仕事をとってきたりもした。

そのころから土地活用提案の先駆けのようなこともやっていました。栄のある敷地にビルの計画を立てて、そのパースを私が描いて、それを伊藤さんがお客さんのところへ持っていくと、「人の土地に勝手にビルを設計してとんでもない」と叱られたこともありました。土地活用の提案なんてその頃はまだ世の中では通用しなかったんですね。

伊藤さんはその後、専務取締役名古屋事務所長から副社長になって大阪へ移ります。大阪へ行ってからも、名古屋事務所の仕事に関してはいろんな指示が来ました。本当は自分でやりたかったのだけれど、組織上それができないので名古屋事務所の所員に直接指示をして仕事をやらせていたのです。私も伊藤さんの命令で全国を渡り歩きました。東京事務所でNHKの仕事が出たときには、私が「東海テレビ」の設計をやった経験があったからか、「NHK金沢放送局」など二つの放送局を東京事務所で担当したこともありました。実施設計は外注しましたが、打ち合わせやスケッチは全部一人でこなしました。

福岡の電鉄会社の駅舎の設計も、福岡事務所があるのに、伊藤さんに指名されて私が福岡に行って担当した。実施設計は福岡事務所の人たちにやってもらって、計画やパース、施主の承認をとることまでほとんど一人でやりました。そのとき構造を担当したのが、後に母校の名古屋工業大学の先生になった高橋博久さんでした。

福岡での仕事が終わるか終わらないかの時に、次は北海道庁の仕事をやれと言われて北海道事務所へ行ったりもした。そんなわけで伊藤さんが名古屋事務所長だったのは私が入社して一年半くらいだったけれど、それから後もいろんな仕事の場面で直接指名がかかってくるという状態でしたね。

ちょうど福岡での仕事で高橋博久さんと二人で下宿生活をしていた二十九歳の時、名古屋事務所で上司だった島田幸信さんの仲介で結婚しました。のちのち山根正次郎さんがそのときのことをユーモアたっぷりに書いてくれています。

南北両面が表の建築
「(旧)東海銀行本店」(一九六一)

伊藤鑛一さんのあと山根正次郎さんが名古屋事務所長になって、その頃に東海銀行本店の設計の仕事が入ってきました。

敷地は、南に名古屋のメインストリートである広小路通り、北に当時はまだ砂利道だった計画道路の錦通り、西には御幸本町通が通っていました。社内で三案出すことになり、そのうちの一案は長谷部鋭吉[10]さんのデザインでした。長谷部さんの案はいわゆるファサード建築で、東西に走る広小路通りを正面にしたファサードには彫刻がついている従来型の銀行建築でした。建物の正面をデザインするのが当時の設計だったのです。もう一案は柴田修さんという先輩の案でやはり広小路通りに正面を向けたファサード建築でした。

そして、もう一案を私がつくることになり、エレベーションはなしで配置図と平面図を出しました。広小路通り側と錦通り側にワンスパン分の大きな風除け室を設け、南北に走る二つの大通りを広い営業室の空間でつなぐことを考えました。つまり南北両面が表の建築だったわけです。南北両側を正面にしたのは、市の都市計画を見ると錦通りが将来人通りの多い通りになると予想できたからです。

内部は、一階と二階は見通しよく開放的にするための大スパン。カウンター前には柱を設けず、広々とした空間をつくりました。柱を抜くのには当時大変苦労しました。一・二階の大空間を支えるため三階部分をすべてトラス構造とし、トラスが通って細かく区切られるスペースを利用してすべて倉庫とロッカー室にしました。手前味噌ですが当時としては相当画期的な

❖10 長谷部鋭吉(はせべ・えいきち)一八八五—一九六〇年。建築家。日建設計の母体となった長谷部竹腰建築事務所の創業者の一人

(旧)東海銀行本店 外観
写真＝兼松紘一郎

竣工当時の1階フロア。客だまりと営業室の分離は、モデル店舗でテストした上で実現
写真提供＝三菱UFJ銀行

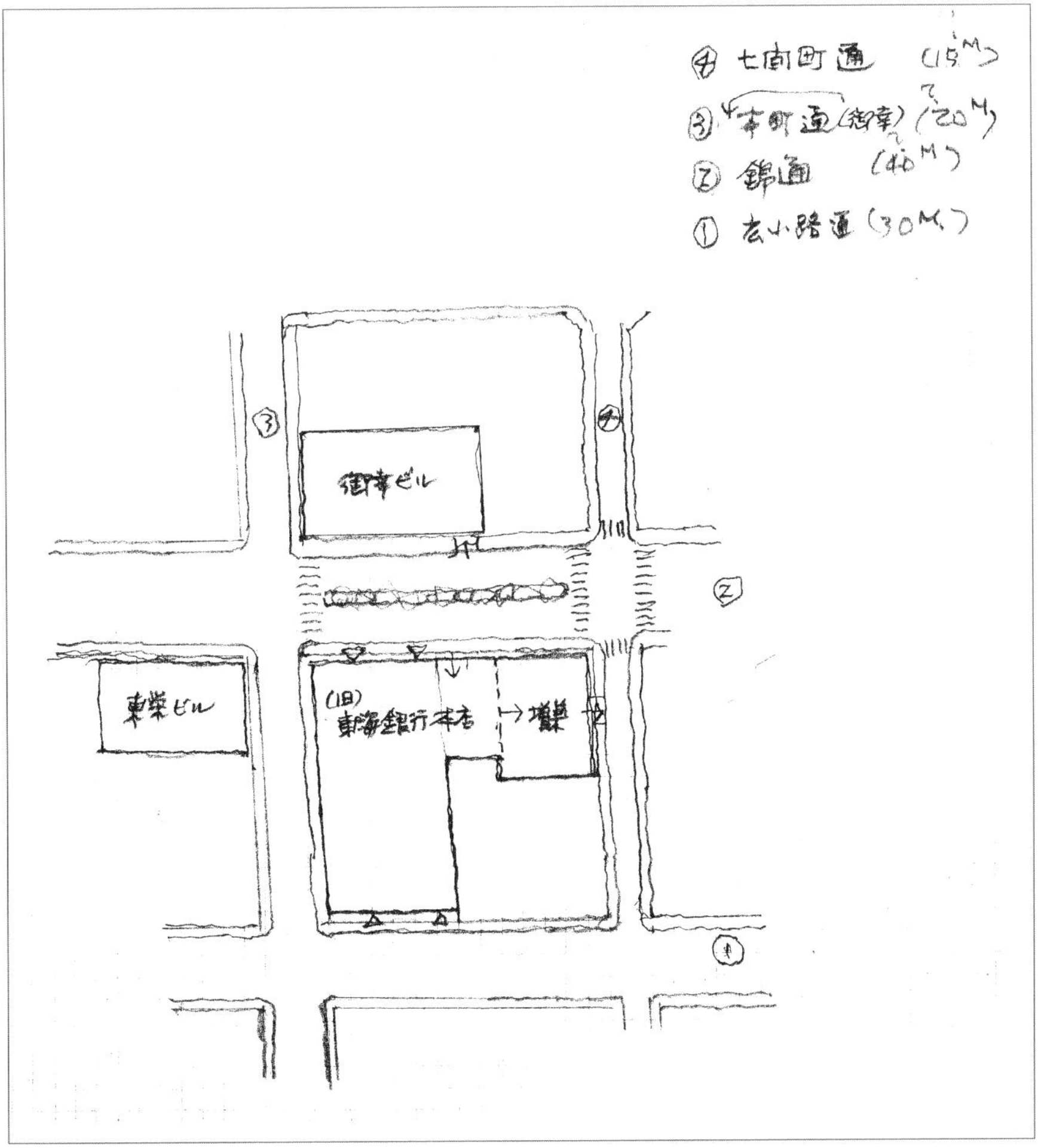
④ 七間町通 (15M)
③ 本町通(御幸) (20M)
② 錦通 (40M)
① 広小路通 (30M)
③
④
御幸ビル
②
東栄ビル
(旧) 東海銀行本店
増築
①

東海銀行本店 配置図

案でした。私がアイデアを出して、その構造をどうするか、構造設計担当の高田十治[11]さんに裏付けてもらいました。

鈴木頭取からの設計条件

鈴木亨市東海銀行頭取[12]が三案の中から「これがいい」と私の案を選んだと聞いています。鈴木頭取から伊藤鑛一社長への大きな設計上の指示は二点。一つは「名古屋中のビルが全部壊れても、この東海銀行本店は壊れないようにしたい」ということ。もう一つは「建築資材、設備材料などはすべて最高のものを使う」ということでした。この二人は関東大震災を社会人として経験してきていた人たちなので、終戦後十年ばかりのこの時代では、考えられる建築の要求としては当然の考え方だったのかもしれません。同時に日本銀行出身である鈴木頭取として、東海銀行本店の立場はどれほど重要であったのだろうと新米の私の心にも強い衝撃がありました。

日建設計としてどう対応したか

当時、日建設計名古屋事務所として、実施設計に総力を挙げて取り組みました。当時の建築基準法で定められていた強度の五割増しで設計することになり、工事が始まると、びっしりと張り巡らされた鉄骨で空が見えなくなるほどで、巷で話題になりました。「建築材料もすべ

❖11 高田十治（たかだ・じゅうじ）。「塔博士」と呼ばれた内藤多仲さんの弟子

❖12 鈴木亨市（すずき・きょういち）一八九四—一九六九年。銀行家。日本銀行名古屋支店長などを務める。一九四三年から東海銀行頭取、一九六二年には名古屋商工会議所会頭となる。のちに日本商工会議所副会頭。株式会社伊藤建築設計事務所開設に協力し、名古屋五摂家（松坂屋・名古屋鉄道・東海銀行・中部電力・東邦ガス）をその株主とした

て一流のものを使いなさい」ということで、ドアの取っ手や錠前はすべてアメリカから輸入した一級品。また、滑る床はいけないと言われて、床材などにも大変苦心しました。

設計コンセプトの一つは一階営業室にあります。南北に通り抜けできる来店客用ホールは、一直線の来客用カウンターに平行していて、従来の対面式の形態とは全く違っています。かつ、カウンター内側の行員は窓口業務係員だけを置き、後方の事務室とは壁で仕切っています。いわゆる相談窓口という部署は全部二階とし、ロビー形式にしたところでしょうか。

そうした形態は、東海銀行本店建設事務室から海外の銀行を視察してきた人の話を聞いたり話し合いをしたりした中で考え出しました。このような大型の銀行本店というものは戦前の建築界にはまだなかったため、規模の算定やあらゆる参考資料のない中でのいわば手探りの設計でした。基本的には「建築設計資料集成」と一九五〇年に戦後新たに制定された「建築基準法」が設計の参考資料でした。

「(旧)東海銀行本店」は名古屋で戦後最も早い時期にできた銀行の本店ビルであり、当時、銀行関係者がこぞって見学に来ました。これ以降、遠い所では広島支店や福岡支店なども東海銀行の仕事は全部私が担当させてもらうことになりました。

最近になって(旧)東海銀行本店の建て替え計画が持ち上がり、二〇一八年に解体工事が始まりました。「(旧)東海銀行本店という建築」が一つなくなるということに、関係者それぞれが感慨や無念の思いを抱いているんじゃないか。この建物はいったい何だったのか、かかわった多くの人たちが何を考え、どうしてこうしたのか、どうやってこれができたかを伝えていきたいと思っています。

7階までコンクリートを打ち終わった現場
写真提供＝三菱UFJ銀行

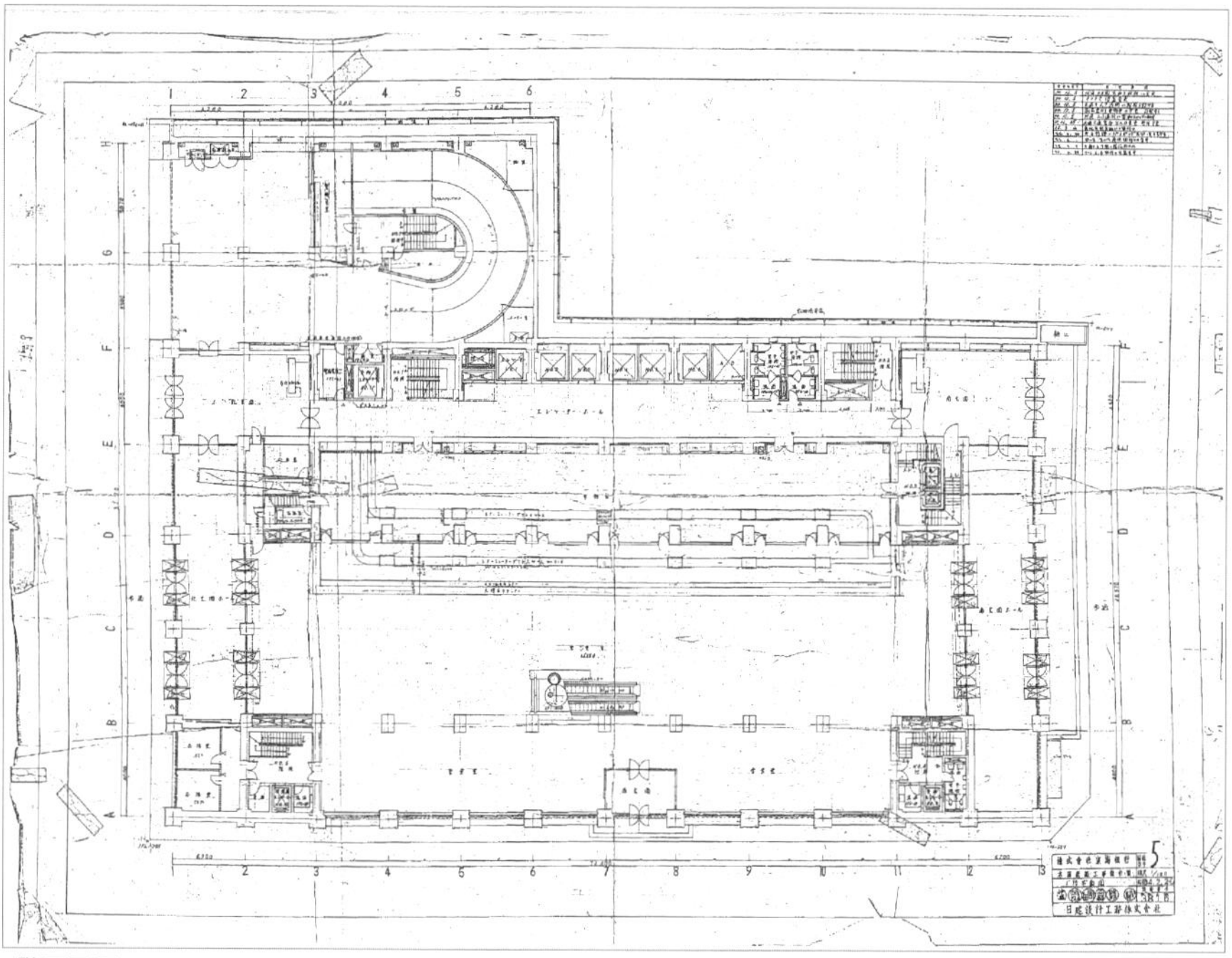
1階平面図。
カウンター前には柱を設けず、広々とした空間をつくった

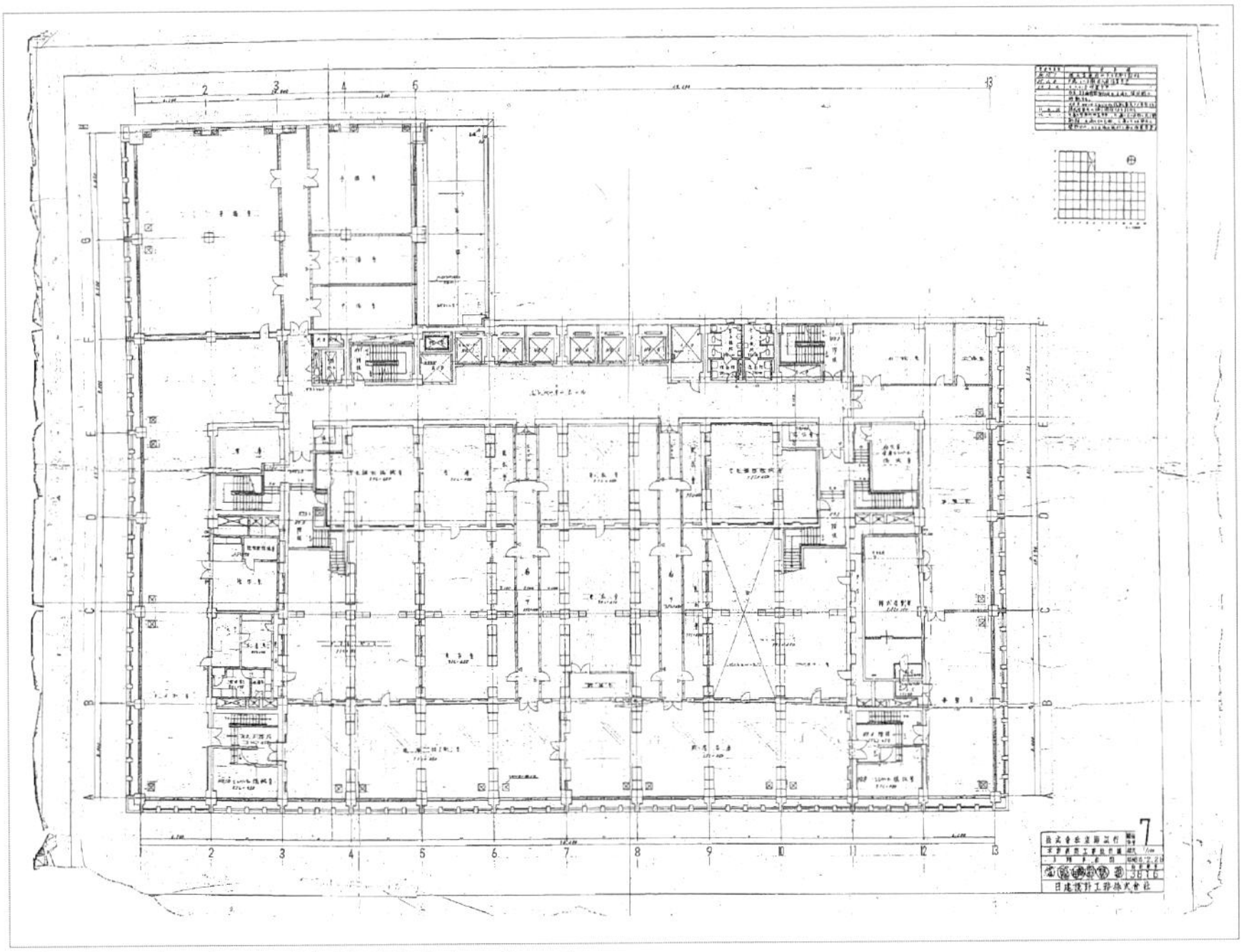

3階平面図。細かくトラスが走り区切られたスペースを
倉庫とロッカー室にした

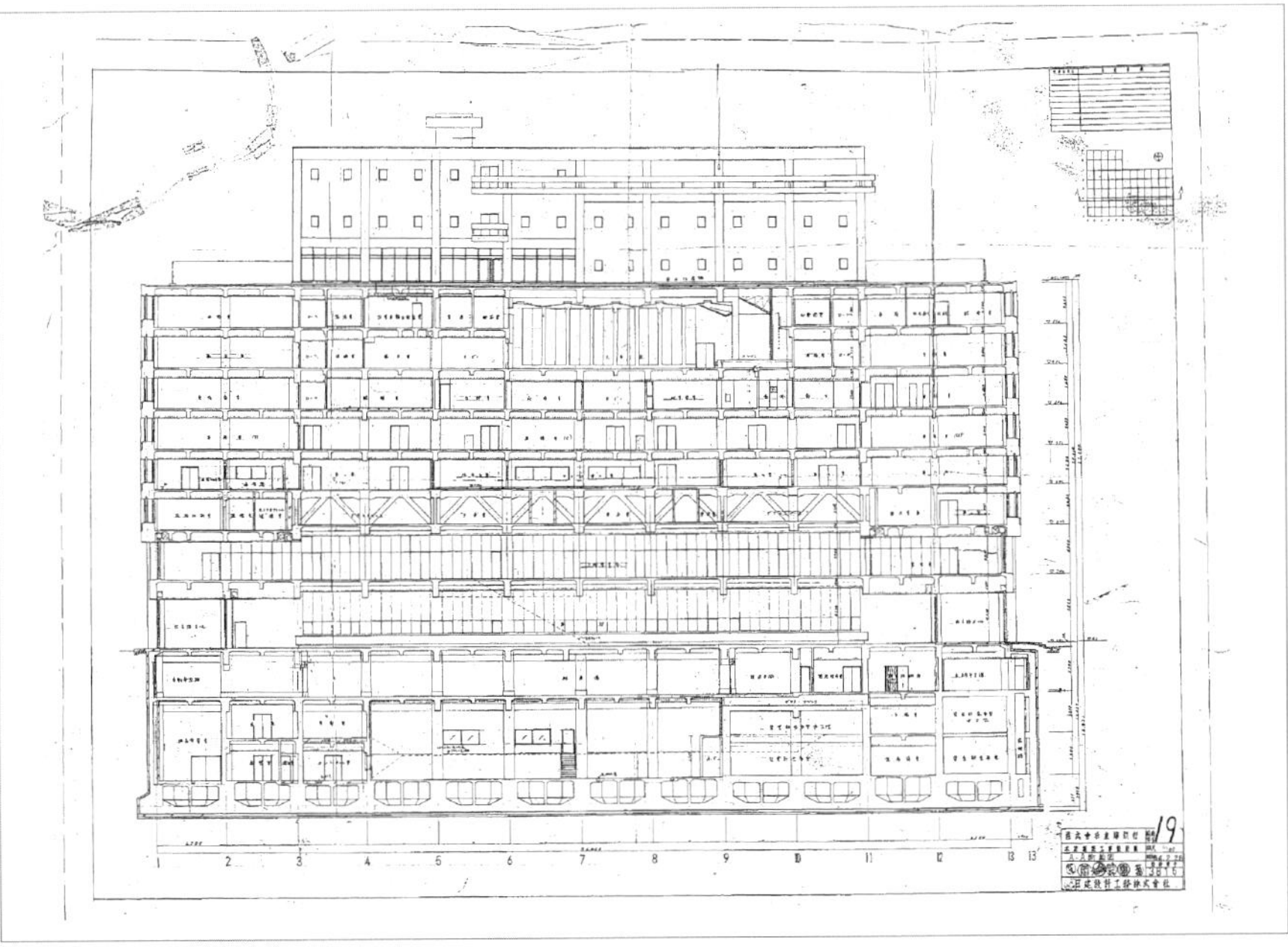

断面図
提供＝筆者

日建での最後の仕事「岐阜県庁」(一九六六)と「名古屋商工会議所ビル」(一九六七)

「岐阜県庁」の敷地がある岐阜市薮田は、一メートルも掘れば水が自噴するような土地で、地下室はつくれない。ただし、地盤はしっかりしていました。そこで正面にランプウェイ(傾斜路)をつくって、二階に広い人工地盤をつくり、一階部分を機械室などにして、地盤上の二階部分に庁舎の入り口を配置しました。事務棟は見かけ上は一つの棟ですが、実際は真ん中で分かれていて二棟になっている。ワンフロアを千五百平米以下にすることで防火区画が必要なく、全体にすっきりとした空間を実現しています。

議会棟は別棟とし、そのロビーの陶壁は岐阜県の陶磁器試験場場長だった加藤幸兵衛さんに依頼したものです。当時、試験場の職員だった加藤孝造さんが担当されました。彼はその後、志野焼の第一人者となり人間国宝に指定されています。訪れた際にはぜひ注目して見てほしいと思います。

一九六七年の九月には、私が設計を担当した「名古屋商工会議所ビル」が竣工しました。いまだにこのビルは名古屋のオフィスビルとしては優秀だと思っています。

工夫したのは一階の車回しと、二階の大ホール。車回しはコの字型の一方通行になっていて、すれ違いもないので大変流れがスムーズです。

エレベーターや階段、トイレなどをセンターリニアコアにまとめ、コアを軸としたH型の構造にすることで、安定し、かつ平面も使いやすい。ホールは最上階に大きくスペースを取って左右対称につくることが多いのですが、ここでは、センターコアを背骨に二階フロアの片側

岐阜県庁 外観
写真＝兼松紘一郎

名古屋商工会議所ビル
右上：外観
左上：ホールへの階段
下：階段のデザイン

写真＝兼松紘一郎

をホールにしてある。ホールを独立して使えるし、二階なので災害時にも非常に避難がしやすいのです。

ちょうどそのころ高さ制限から容積制に移行する時期で、それを先取りした建物でもあります。南と東の通りからそれぞれ五メートル壁面を後退させて、従来の高さ制限を超えてつくることができた。設計段階ではまだ容積制に移行していませんでしたが、設計が終わるころには導入されているだろうということで、名古屋市と協議をして構想を練っていたわけです。

伊藤建築設計事務所の「若手五人衆」

「名古屋商工会議所ビル」が九月に竣工するのを待って、その年の十二月一日に、伊藤鑛一さんが伊藤建築設計事務所を創設しました。それまで伊藤事務所ができるなんて誰も知らなかった。商工会議所ビルの仕事が終わる頃、上司の島田幸信さんに声をかけられ、それから一、二カ月であわただしく日建設計を辞して伊藤事務所の発足メンバーの一人となりました。

伊藤建築設計事務所は伊藤さんをトップに、小県好一さん、島田さん、東海銀行から大野金之助さんの四人が役員、若手技術者として私と織田愈史、高木淳一郎、森口雅文、渡辺誠一の五人を中心に始まりました。世間では「若手五人衆」などと言われていたようです。日建を出

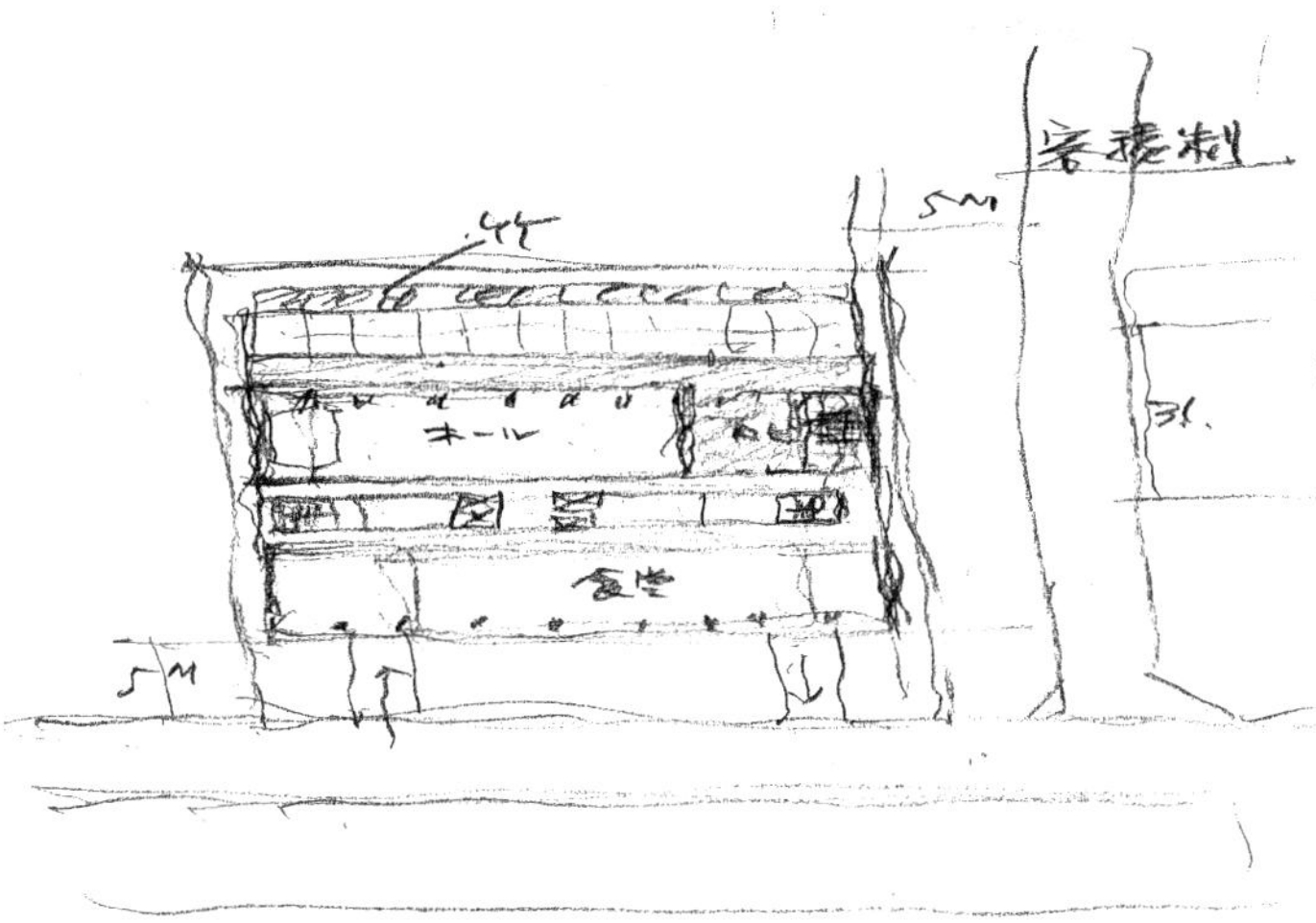

名古屋商工会議所ビル
プランスケッチ

たのは公私ともにお世話になってきた上司の島田さんに誘われたからということもあるけれど、一番は設計の仕事がやりたかったからです。皆、日建でそれなりに名を挙げてポストもあったけれど、やっぱり支店の悲哀というのもあったのではなかったか。伊藤さんもまだ六十代で、もう一旗揚げたかったのでしょう。建築家として自分の名前でやりたいということもあったかもしれない。伊藤さんの師匠は名古屋建築の祖ともいえる鈴木禎次[13]さんですからね。

若手五人は皆で相談しあったわけではなく、それぞれ個々の判断で参加しました。世間では「そのうちみんなバラバラになる」とか、「将校ばっかり五人で戦争ができるか」とかいろいろ言われたようですが、私はそのときこの五人組を絶対守ろうと思っていた。五人仲たがいせずにやるということだけは心に誓って、伊藤事務所を始めました。苦しいときもあったけれど、五人の結束は今でも続いています。それでなんとかやってこられました。

事務所を興してから九年目に伊藤さんがくも膜下出血で倒れます。数年たって奇跡的に生き返ったけれど、その間、新しく人を採用することも会社の組織をどうするということも一切できなくなった。でもそれまでの九年間で社員も増えていたし、私たち五人も健在だったし、仕事は滞りなくこなしてきて、お客さんに迷惑をかけることはなかった。そのころには毎年中部建築賞を受賞するなど、会社の力としても安定してきていました。

二〇一七年には伊藤事務所創立五十周年を迎えることができました。

[13] 鈴木禎次(すずき ていじ)一八七〇―一九四一年。建築家。名古屋高等工業専門学校建築学科教授、退官後、鈴木建築事務所開設。名古屋市内に作品が多い。夏目漱石の相婿でもある

コラム❶

統率力に心から関心

東栄株式会社取締役社長
田中良次

伊藤鑛一さんとの馴れ初めは、私が東海銀行建設事務室長拝命の時に始まります。当時伊藤さんは日建設計名古屋事務所長であり、日建は新本店設計の命を受けていました。私の鈴木頭取からの受令はプラン作成であり「在来の銀行の型にとらわれる事無く、明日の銀行を想定して企画せよ」と指示がありました。プラン完成と同時にお役御免の積りでいましたが、最後までとのお話で、私の銀行生活の路線がスッカリ変わり、銀行を退職すると焼失した御園座再建のお手伝いをする事となりました。その後、私が社長をしている東栄株式会社の本社ビル建設に当たって設計を伊藤設計にお願いしました。中々建築と縁が切れず、まだ伊藤さんとの縁が続いています。

私は建築に関してはズブの素人で、強いて何かを求めれば弟が建設省に勤務していたので（現在財団法人日本建築センター事務理事）雑誌"新建築"を時折見る事があった位です。当初伊藤さんと話をしていても、今の言葉で言うと話の接点が見出し得ず弱りました。

伊藤さんは自分の過去の貴重な体験見聞を惜しげもなく掘り出して熱心に話してくれました。私のオーナーとしての心構え、考え方を固めて行く上において、どれだけ役にたったか判りません。私の新本店に対する考え方も固まり、基本設計の段階に入ったのですが私の要求を満たす図面が出来て来ません。どうしても在来の銀行の概念に支配されてくるのでイライラしていたのですが、突如として型破りの図面が出て来ました。

大体において要求を満たしていますのでOKしましたがさあ大変。日建の設計陣は大変なこととなりこのプランは建物にならない。構造の面では地震がガタガタと来たら危い、設備の面では配管が出来ない、要は銀行の建物にはならないとの事でした。しかし、私の要求するプランはこれだと強く主張しましたところ、伊藤さんの断の一字で日建の設計陣は協力一致使い物になる図面に引き直しました。その時私は心から日建は良い会社だなあと思いました。上司の命令とはいえ、学校を出て間もない若い技師が考案したプラン、そのままでは使い物にならないプランを使いものになるよう協力を惜しまなかった美しいチームワーク、そしてこのチームワークを育成した伊藤さんの統率力に心から感心しました。

この時の設計陣は現日建会長の山根氏が全体トップに立ち、サブが現伊藤設計の島田重役、チーフデザイナーが現名古屋事務所長の岡部さん、構造高田さん、設備桜井さん、現場監督主任が現伊藤設計の寺沢監理部長でした。最後に問題のプランを考案したのが現伊藤設計の技師重役鋤納君。大学を出て三年目のボンボンでした。本店建設事務室のスタッフは私のサブだった岩坂君がチーフとなり過半が東京の朝日東海ビルの建設に引続きとりかかりました。

東海銀行新本店は本店建設事務室の皆さんも日建設計の皆さんも大林組以下の業者も本当に全力を振り絞った建物で霊がこもった建物と言っていいと思います。完成当時チーフデザイナーの岡部君などしばらくの間放心状態でした。このように全員が個人感情を抜きにして力を合せて全力を振り絞るという事はよほど伊藤さんの訓育指導宜敷きを得たことによると思います。

伊藤設計の皆様も今後色々のことがありましたらあの当時のことを思い起こして下さい。


どんな苦しい時も切り開いてゆけると思います。

年を取ると古い話をしたがるものですが新しい話も少し――。

東栄の本社ビルは鋤納君の設計担当になるものです。注文に際しては約三十分話し合っただけです。一週間程たつと、質問事項を五カ条書いて来ました。即刻回答しますと、十日程たって、A、B二案の図面をもって来ました。その場でA案を指定。これで基本設計は出来上り。最初話し合ったことは何ですか？　大きな声では言えませんが「ビル建設の目的は収益」。お蔭様で目的にそった建物が出来、市の指導課でも「空間を十分に利用した欲の深い建物が出来ましたね」とほめられました。また中部建築賞協議会の建築賞も受賞しました。

（『日刊建設通信』一九七五年五月二八日［水曜日］刊）

たなか・りょうじ…一九〇六年生まれ。一九三二年京都帝国大学卒業後、名古屋銀行入行。一九四一年から東海銀行。東海銀行では取締役などを歴任。退任後、東栄株式会社で六代目社長を務める

コラム❷

社会を納得させる根強い信頼感

建築家（元日建設計会長）
山根 正次郎

「鋤納忠治さんの愛称はチウサンといいまして」とおどけた調子で切り出されたのは伊藤鑛一元日建設計社長、場所はチウサンの結婚披露宴・宝塚ホテル宴会場、時は今からざっと四十年くらい前のことだったかと記憶している。〝チウサン〟は今でも若い。その当時とあまり変わらないような気がする。

豊富な髪は漆黒で手にあまり、一本の白髪もない。このめずらしい外に溢れる若さは貴重なものではないかと思う。外だけでなく内にもみちみちているからである。ともに長い期間建築の創造に当たってきた私の常に感じてきたところである。

施主のあるひとりは鋤納さんには天才的な輝きがみえるといったことがある。天才的とはちょっと大げさだが事実はその通りだろうと思う。

鋤納さんの形の創造に当って、精神活動に時としてあるひらめきが感じられるということだろう。

しかし、もとよりそのような心のひらめきがただ感性的に働いただけでなく、それには根強い建築家の社会を納得させる信頼感がなければならないと思う。

くわしくは述べる余裕がないが、〝チウサン〟が精神のそこにもっている信頼感の基本となっているもの、それはおそらく師の伊藤鑛一前社長に育成されたものではないかと思う。それらが、生来のひらめきを生かし、見事なまとまりを見せて、今日の伊藤事務所の大成を花開かせたのではないか。

将来建築家の正道を踏んで、堂々と進む同事務所の立派な姿を、大いに期待をもって見守って行きたいものである。

（『建設通信新聞』二〇〇〇年五月一九日［金曜日］）

やまね・しょうじろう…経歴はP32参照

コラム❸

設計の基礎に明快な計画性

名古屋市立大学芸術工学部教授
柳澤忠

昨年、東海銀行本店が建物維持保全協会のBELCA賞を受賞した。この賞は竣工後二十年以上経過した建物で、地域の人々に愛されて竣工当時のまま大切に使用され、設計・施工・維持管理の三拍子が揃った建物を表彰する制度である。建築の寿命を延ばして地球環境に貢献し、建築文化をストックする。東海銀行本店は東海地方で初めての受賞であり、日建設計名古屋事務所の代表作である。この建築が日建設計に入社したばかりの鋤納さんの設計であることを知っている人は少なかろう。社内コンペで提出された案の中で、当時の東海銀行幹部の注目を集めて実現したのである。

当時、銀行建築の常識は前面道路に向かってカウンターを設け、職員が客に直面する形式である。この鋤納案は計画道路でしかなかった錦通り線を意識して広小路通りと二つの道路に直行するロビーとカウンターを設けた。つまり前面道路に直角にカウンターを設けたために、両面道路から通り抜けられる地域に開放されたロビーが実現した。こうした新しい計画はのちに富士銀行本店など大銀行建築に影響を与え、銀行を地域に開かれた存在に変えるきっかけとなったのである。

施主が気に入ったからといって、若手のアイデアを先輩達が協力して実施設計にまとめるのはやさしいことでない。その点で常識にとらわれず、新しい工夫を取り入れる日建設計のスケールの大きさにも敬意を表したい。ともあれ、鋤納さんは大学を出て間もなく、一流の経営者を魅了する堂々たる骨太な計画性を世に示したのである。

その後、伊藤鑛一さんとともに伊藤建築設計事務所を設立し、東海地方に本拠をもつもっとも信用の厚い設計事務所に育て上げた。私が最も印象に残っているのは、設計競技の応募は勿論、中部建築賞などの表彰制度に応募した時の、自社作品の説明が明快なことである。とかく建築家は図面や文章でなく実物の建築を見てもらいたいという意識が強いが、伊藤事務所は図面の中に簡明な説明文を書き加えた独自のプレゼンテーションを展開した。これは、設計の基礎に明快な計画性をともなっているからできることなのである。東海銀行本店の計画性は好例である。

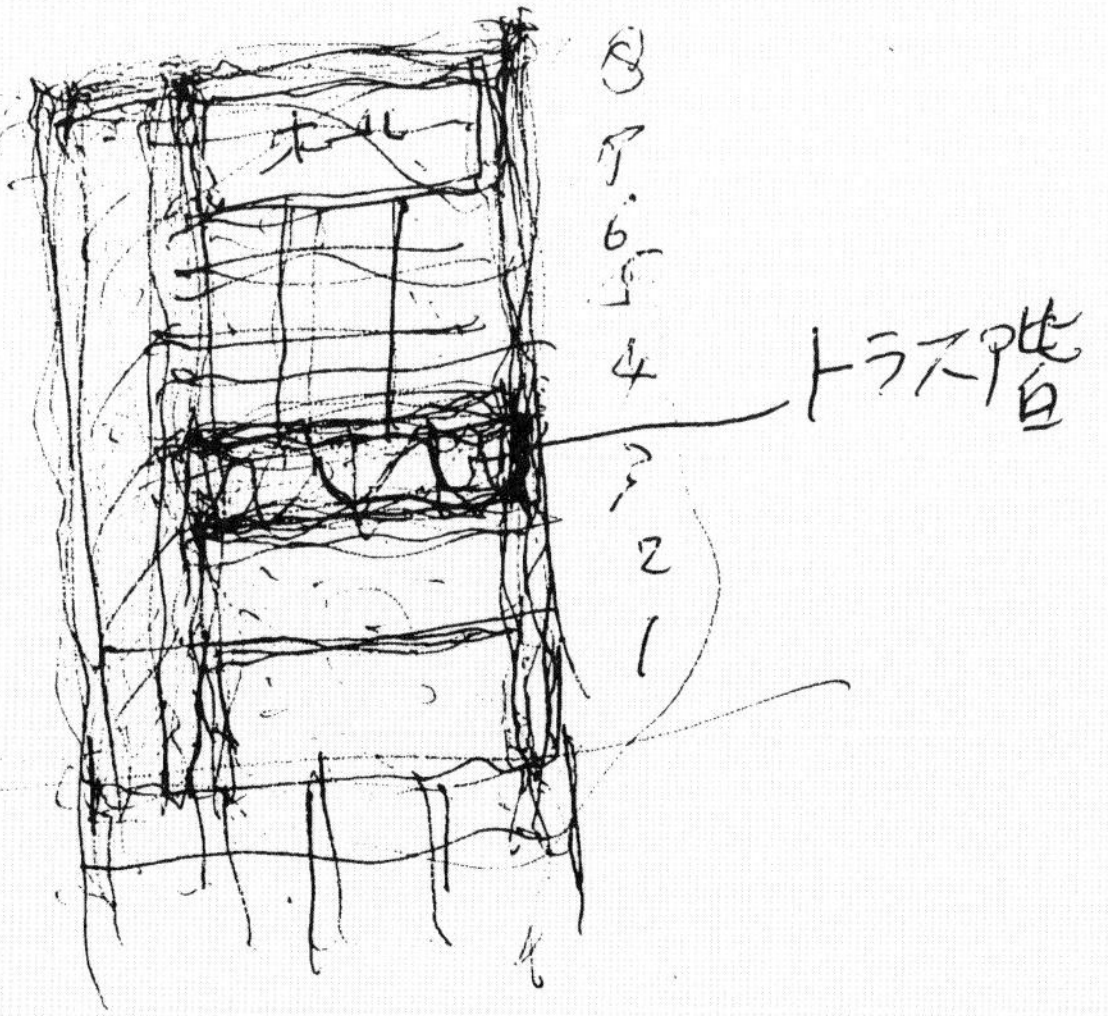

（旧）東海銀行本店ラフスケッチ

日本の建築界では計画と設計の区別が明確でないが、社会は建築専門家の経験が計画に生かされることを望んでいる。鋤納計画学の著書を早くまとめて、若い建築家に刺激を与えてほしい。これからも建築界のご意見番としてさらに幅広い活躍を期待したい。

（『建設通信新聞』二〇〇〇年五月一九日［金曜日］刊）

やなぎさわ・まこと…一九三一年生まれ、兵庫県芦屋出身。一九五七年東京大学工学部建築学科卒業。一九五九年久米設計入社。一九七五年名古屋大学教授。一九七六年建築計画連合顧問

第三章

名古屋の七〇年代、八〇年代

地域建築を盛り上げる「中部建築賞」

一九六九年、中部建築賞が制定されます。これを言い出したのは建築評論家の故・浜口隆一[14]さん。それに同調して動いたのが建築ジャーナル主筆の故・杉浦登志彦[15]さんでした。二人は交流があって、浜口さんから、「地域の建築界を盛り上げようと思ったら、賞をつくりなさい」と言われた。杉浦さんは、城戸武男さん、川口喜代枝さん、黒川巳喜さんに加えて当時では若手の広瀬一良さんらに声をかけた。彼らが動いて、愛知県や名古屋市、名古屋商工会議所、中部開発センターなどを動かして、「中部建築賞協議会」をつくりあげた。

伊藤建築設計事務所の「(旧)東海銀行健康保険組合星ケ丘体育館」がたまたまその第一回に入賞、「中京テレビ放送本社」が入選しています。

最初はそんな賞なんて、と東京の人たちは軽く見ていたと思う。それが、一九八一年に日総研の「富山県立近代美術館」が入賞したころから東京の設計事務所も応募するようになって、全国的に知られるようになりました。一九八一年には「常滑市民俗資料館」でアーキヴィジョンの戸尾任宏さんも入賞しています。

❖14　浜口隆一(はまぐち・りゅういち)一九一六—一九九五年。建築評論家。地方に興味をもち晩年は掛川に移住

❖15　杉浦登志彦(すぎうら・としひこ)一九三四—二〇〇六年。一九六四年中部建設新聞社設立、後の建築ジャーナルとなる。一九六九年文化雑誌『C&D』創刊

杉浦登志彦との議論は七合目まで

中部建築賞ができて、確かに中部の建築界は変わりました。賞が建築界を盛り上げた。浜口さんと杉浦さんには中部の建築家は足を向けて寝られないはずです。だけど、杉浦さんははっきりものを言う人だったから、人によって嫌う人が多かったかもしれない。私は、彼とは七合目か八合目までは意気投合して話が合うけれど、そこから先が意見が分かれ、「あなたは建築家ではなくて鉛筆を持たない人だからわからない」と言ってけんか別れとなった。

彼との付き合いは一九六〇年代の日建設計時代。まだ彼が『中部建設新聞』(週刊、一九六四年創刊)という工事情報誌をつくっていたころです。日建で東海銀行を設計したから、目をつけられていたのかな。私が日建で仕事をしていると、夕方、「浜口さんが来ているから」とか言って、杉浦さんから電話がある。日建は割と自由だったけれど、いなくなると、どこ行ったという話になるからこそこそっと出かけてね。そうすると、そこには浜口さんと、広瀬一良さん、佐久間達二さん、五十嵐昇さん、岡本英三さんなどがいて建築論議をしているわけです。

そうこうするうちに、私の日建最後の仕事である「名古屋商工会議所」が完成して、案内することになった。浜口隆一さんは、塔屋についている「名古屋商工会議所」の字がゴシックなんだけれど、「もうちょっとデザインした字にならないのか。レタリングは大事だよ」って言っていた。そういえば、設計しているとき、当時所長だった的場さんにゴシックじゃ面白くないと言われたような。今でも前を通るたびに、これでよかったのか気になりますね。

『C&D』という地域発同人誌

あのころは出版活動もやっていた。グループC&DとかC&D同人とか名乗って『C&D』という地域発同人誌をつくりました。結成は一九六五年。最初からのメンバーです。仕掛けたのはやはり杉浦さん。要するに建築だけじゃ面白くないから、芸術家や、デザイナー、文化人も入れて活動をしようということでした。彫刻家の石田武至さんは、なかなか発言の場がないから、喜んでいたし、弁護士で文学好きの小山斎さんも参加していた。

コラム❹

名古屋の地域文化活動『C&D』

鋤納忠治

佐久間達二さんと親しく話ができるようになったのは、名古屋の地域文化雑誌『C&D』の活動を通してであった。

『C&D』の創刊は一九六九年一一月一日。その前身は「グループCD」で、仕掛人は当時の『中部建築ジャーナル』発行編集人、杉浦登志彦さんである。その前年、杉浦さんは、「名古屋市民会館」の建設にあたっては設計を公開コンペで行うようにキャンペーンをはり積極的行動を起こしていた。残念ながら、当時の杉戸清名古屋市長から「次の機会に検討する」という言質をとるにとどまったが、「建築界の枠組みにとどまる業界紙ではその発言もまったく無力である」(『時代に挑み続けて 一九八八～一九九三』建築ジャーナル刊 杉浦登志彦著)と発想し、「建築界の枠組みを越えて文化でとらえ、しかも地域に足を置いて発言する雑誌」として、『C&D』創刊にいたったのである。創刊号の編集後記に杉浦さんはこう書いている。「名古屋の文化が不毛といわれるのは、趣味的仲良し的文化団体しか存在しないという、情けない状況の指摘である。私たちの雑誌は、建築はもとより名古屋の抱えている問題が東京、ニューヨーク、パリ、モスクワと同じであり、これらの都市に先だって名古屋が最先端の提案を行っていこうという自負に立っている」。

こうして、文化不毛の地といわれていた中部地域で、何とかして文化・芸術の高まりを創造したいと、建築を中心とした幅広い分野の同人に呼びかけての活動が広がっていく。具体的には、「市民建築文化会議」(一九七七年)を拠点とした「市民参加による公共建築づくり」や「設計入札のとりやめ」、「伊勢湾共和国独立運動」(一九七八年)、「名古屋地下鉄駅デザイン改善展」(一九七七年)、「大須に建つ公衆便所の全国コンペ」(一九七八年)などである。

『C&D』の発行は、財源の裏付けもないままに、とにかく一年間は続けようということでスタートを切った。編集委員(その後の運営委員)として、広瀬一良さん、佐久間達二さん、五十嵐昇さん、井上正一さん、平子勝さん、池崎敏郎さん、岡本英造さん、杉浦登志彦さん、それに私、鋤納忠治がいた。岡本さんと杉浦さん、私は三十代、その他はすべて四十代の若さであった。毎月、編集会議と称してはは集まるが、すぐにけんかになった。仕掛けるのはいつも決まって杉浦さんで、そんな様子を、物静かに見守っていたのが佐久間さんであった。

創刊号ができたときの皆の喜びは言葉では言い表せないものだった。そうして隔月一日発行で出発したものの、段々に遅れていって、そのうち季刊になっていった。一年経った時点でも再度どうしようかという議論をしたが、もう一年がんばってみようと。そして三年目以降は誰もやめようとは言わなくなった。途中で一時中断やむなきに陥ったこともあったが、佐久間さんが二代目代表として見事に再刊させた。とにかく、運営は実に苦しかったが、意地で継続してきた感があり、本当に奇跡としかいいようのないのが、現在まで続いている『C&D』である。

(『建築家 佐久間達二の夢』エルイー創造研究所発行
二〇一〇年七月九日初版)

第四章

鋤納設計術　五つの実践例

使いながら建て替えも想定、遷宮方式「一宮地方総合卸売市場」(一九八一)

一宮の「総合卸売市場」の設計意図は、空撮写真をみれば一目瞭然です。長方形の敷地の半分は思い切って駐車場にし、半分は建物にして並列させる配置計画です。これも指名コンペで、ほかの案は、大体真ん中に建物を建て、周りを駐車場にしているものが多かったように思います。

この配置では、駐車場から建物まで少し歩くことになるけれど、車を回して積み込んで出るという流れなので大きな問題にはなりません。まとまって駐車場がある方が駐車台数もとれる。市場の建物が古くなって使えなくなったら、伊勢神宮の遷宮のように駐車場に新しい建物を建てて、営業を続けながら建物の更新ができるわけです。

建物の中心に二階建てのコアがあって、ここに事務室やトイレを配置してある。コアの両側はフレキシブルに使える吹きさらしの空間になっています。断面を見るとやじろべえのような形になっている。構造の渡辺誠一さんとのコラボレーションの好例です。今でもオリジナルのまま問題なく使われています。

一宮地方総合卸売市場　空撮
提供＝フドウ建研(現・建研)名古屋営業所

一宮地方総合卸売市場　北東面外観

一宮地方総合卸売市場　内観。写真右が建物コア部分　写真＝田中昌彦

敷地にぴったり収まる「瑞浪市総合文化センター」（一九八四）

「瑞浪市総合文化センター」も指名コンペでした。

私の設計術は配置計画にあると思っています。配置図で骨格が決まる。この文化センターは、地元でも評判がいいのです。川沿いに堤防があって、変形の敷地なので、たいていの設計者は真ん中に建てるでしょう。そうせずに、背中を敷地ぎりぎりに寄せて、前を開け、堤防とつながるデッキをつくった。堤防の高さの二階がメインで一階の地下的部分に車が両差しできるように駐車場を配置した。瑞浪は岐阜の大垣と同じで地下水位が高く自噴するくらいの土地なので、地下はつくれないからです。地下に比べて明るくもできました。私の設計術は敷地にぴったり入って上手に使っていることが大事なんです。

つながらない二つの弧「ツインアーチ138」（一九九五）

木曽三川公園に展望台をつくる八社の指名コンペでした。ほかの案はアーチではなくてみんな垂直のペンシル型。なぜアーチかというと、木曽三川の川の流れを象徴している。三本にはできなかったけれど、高さの違うアーチを組み合わせた。展望室に二つのアーチはつながっていて、梁をかけて展望室をぶら下げている。構造的にいうと、展望室から上の部分があった方が安定しているのです。

瑞浪市総合文化センター　写真＝田中昌彦

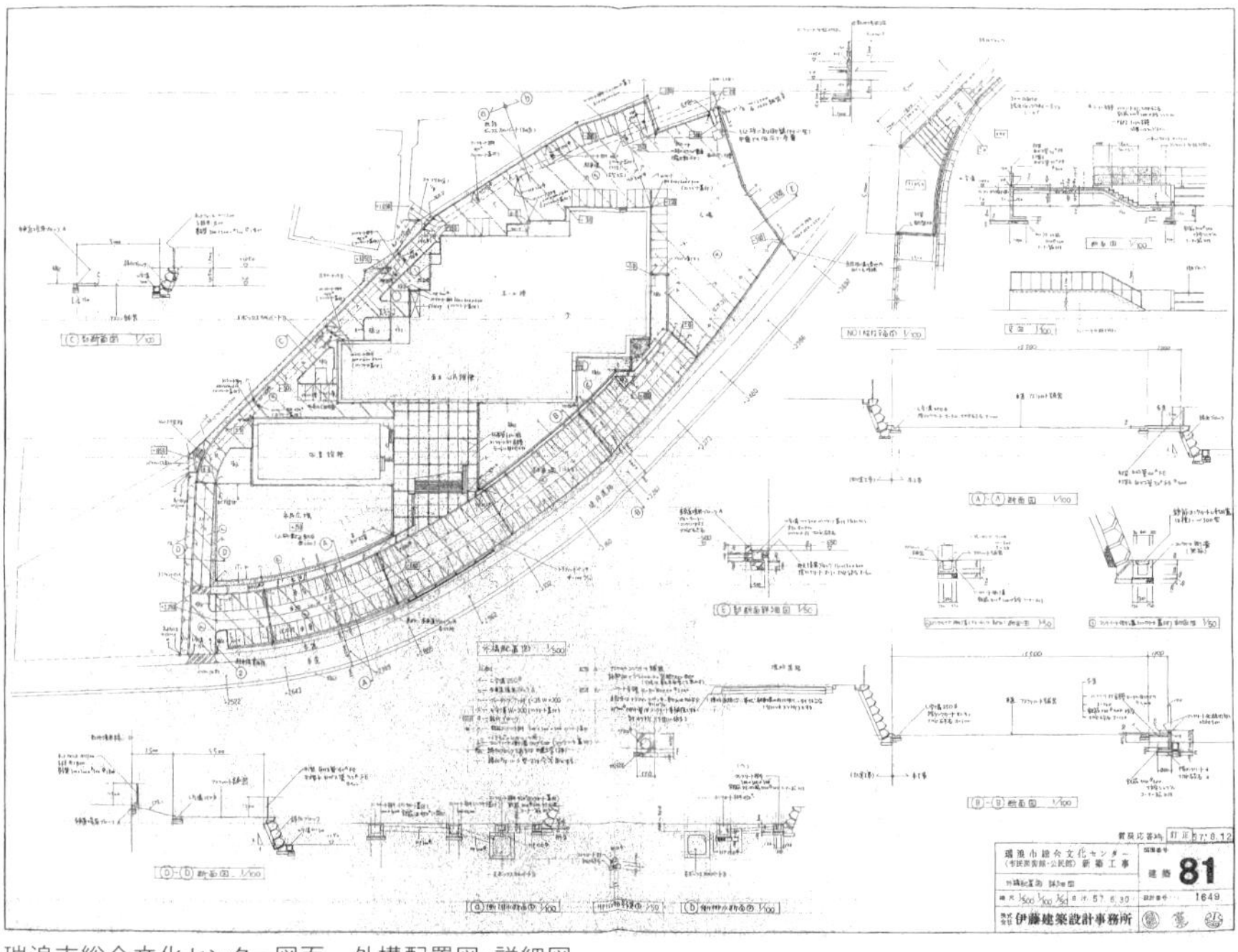

瑞浪市総合文化センター図面　外構配置図・詳細図

工事のしかたはコンペの時には決めていませんでしたが、施工者が決まってから協議してリフトアップ工法に決めました。地上でつくったものをジャッキで上げて、五メートルずつ立ち上げていく。下が広がっていくので、十字に地中梁をつくって、その上を外側に滑らせていきました。高所作業なしで地上で作業ができ、大変メリットのある工法でした。

コンペ時までアーチの中に階段を組み込もうと思っていたけれど、出口のない階段は法規上だめなんだとか。エッフェル塔は、斜行エレベーターがついていたけれど、日本では許されていないので、真ん中にエレベーターをつけました。欲を言えば、陰影ができるように、四角柱(台形)の端のリブをもう少し出しておけばよかった。

前愛知県知事の神田真秋さんが一宮市長だったときで、記念写真が撮れるような色にしてくれと言われたのですが、どんな色をつけても遠くから見たらグレーに見えるし、鮮やかな色はあせやすい。銀色が一番良いですよと言って、そうなりました。工事中もいろいろ難問があ

駐車場から見たツインアーチ138
写真＝兼松紘一郎

りました。これは私が陣頭指揮をとってやりました。この案は与えられた敷地を目いっぱい使って設計してあります。

中央に広場をつくる「日進市スポーツセンター」(一九九六)

「日進市スポーツセンター」も周囲が民地で複雑な境界線をもつ敷地に建っています。そこに大きい体育館と、小さい武道場をつくる。指名コンペでしたが、ほかの案のほとんどが隣地からの斜線制限を気にして、敷地の真ん中に建物を建てる計画だったと思います。私は建物を敷地ぎりぎりに寄せて前面に広場をつくりました。建物を敷地境界に寄せればそれだけ広く広場スペースを取れるし、将来のいろいろな可能性を残して、わざと境界が入り組んだ側を広場にしたのです。

周辺の敷地境界からの斜線制限をうまくかわして二階建ての立体駐車場を別棟にしてつくり、その屋上はテラスガーデンにして地域に開放しました。大体育館と小武道館のロビーは共用にして、吹き抜けガラス張りの大きな空間にまとめました。別々にロビーをつくるより一体にした方が効率も良いし、公共建築なのでできるだけ死角になるスペースをつくりたくないという思いもあった。入り口は正面から入れたら面白くないから、ロビーにスリット状につけました。トイレは体育館と武道場の間に設けてこれも共用にしました。

ほかにこういう案はなくて、これは計画図だけで断トツの案だったと思います。

日進市スポーツセンター 俯瞰
撮影:エスエス名古屋

広場から見た正面外観

日進市スポーツセンター
上:配置図
下:1階平面図
提供＝伊藤建築設計事務所

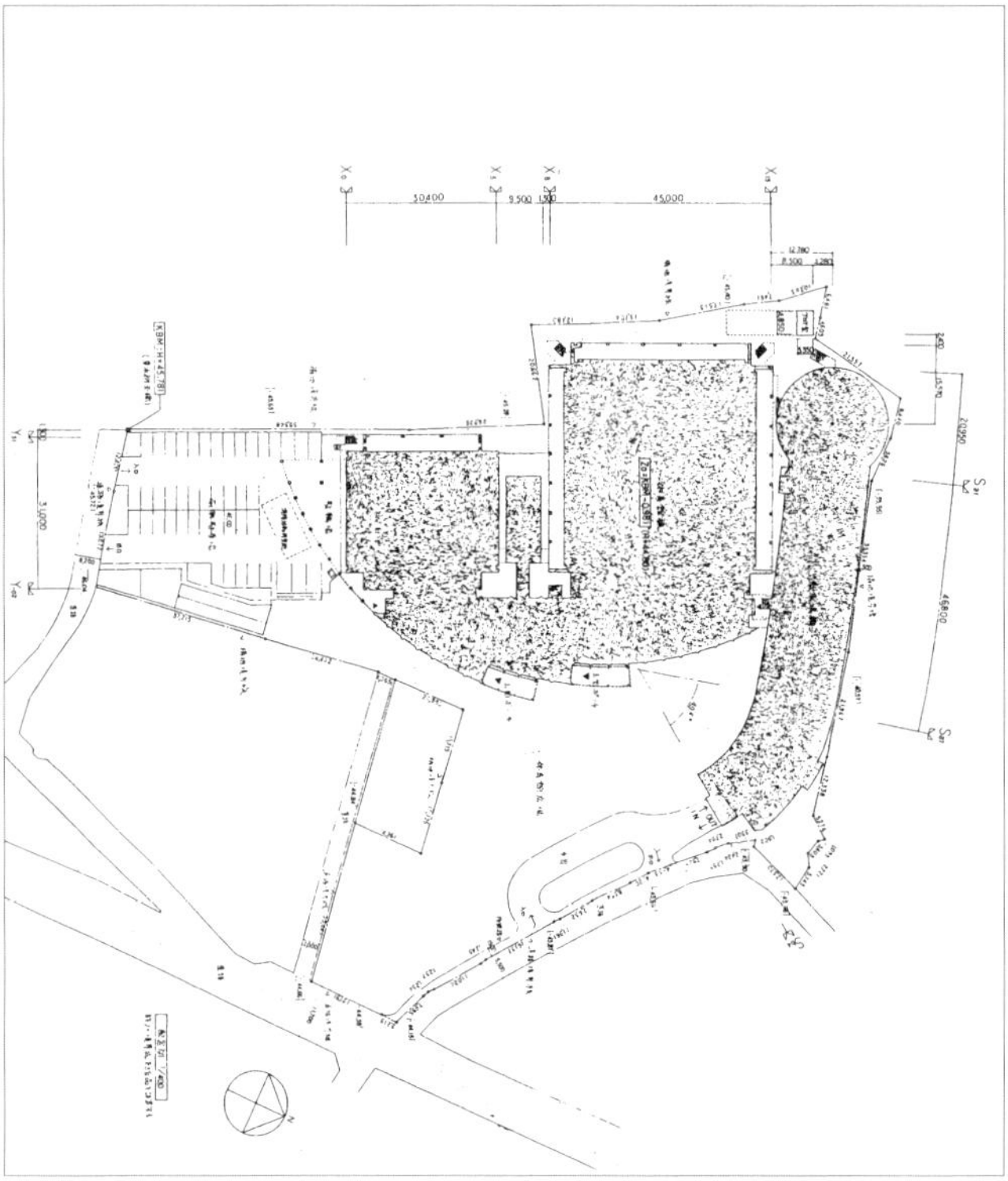

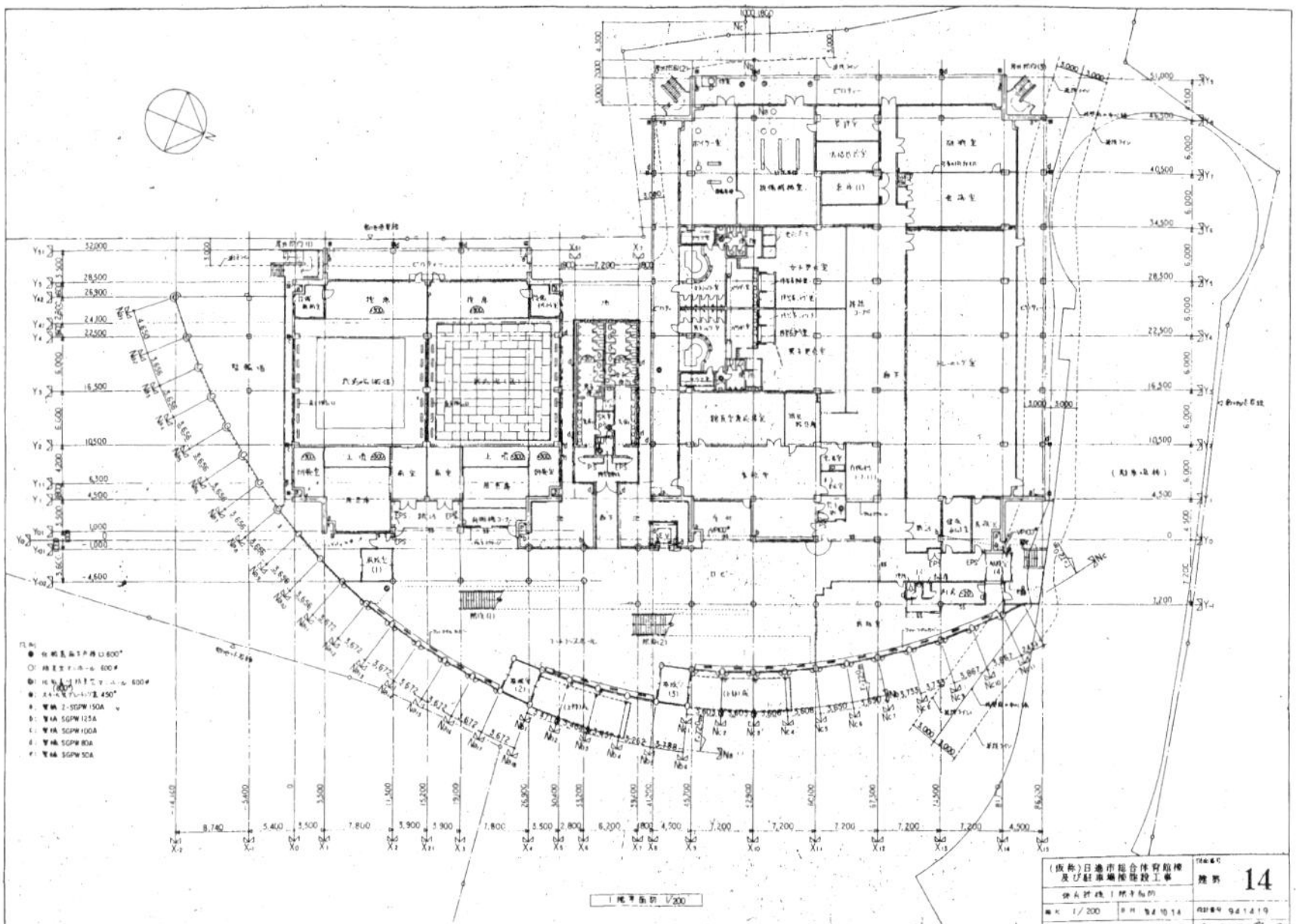

自邸「すきなや」（一九七五）

「住宅はやらない」とずっと言っていたんだけれど、建築家として自邸を設計しないわけにはいかない。結婚後ずっと住宅公団の団地のアパートで暮らしていたので、子どもたち二人が成長してくるとどうしても家を建てなければならない。

あるとき近所を散歩していたら売地が出ていて、家内が「ここ良さそうだね」と言うので、じゃあということで、同僚で後輩の高木淳一郎くんを誘って隣同士で自邸を建てることになりました。それから約四十五年になりますが、今でも仲良く暮らしています。

自邸を建てるにあたって当時住宅金融公庫で、五百万円借りました。その金利が五・四％。それでも足りないので東海銀行からも三百万円借りた。その金利が八・一％。だいたい七％の金利で十年で倍になるとされていた時代だったから、はじめのうちは借りた金を返しているのか金利を払っているのかわからない感じだった。そういう過酷な条件の中で家を建てたんです。

鉄骨造のピロティの家で、はじめは「倉庫ができるか喫茶店ができるか」とうわさされ、人間の住む家ができるとは思われていなかった。届けを出すと「二階建ての平屋」だという。高床倉庫のように一階はなんにもないから、言いようがないんだよね。娘が小学校の先生に「正倉院のような家だ」と言われたらしい。娘には正倉院と言われてもわからないことだが、私はその話を聞いてえらい先生だと感銘を受けました。

自邸は、「絹でも毛でもなく木綿のような家」というコンセプトで建てました。木綿は傷んだり汚れたりしたら修理して使える。ライフスタイルが変わってもそれに対応して増改築できる、そういう家にしたかった。

オリエンタルメタル折版

一つの材料で、表裏共仕上げという建材が好きです。当初から屋根はオリエンタルメタル折版を使おうと考えていましたが、思い切って東西両袖壁でも使うことにしました。

建蔽率の三十％には余裕があったので、軒の出を南北に一・二メートルにしています。先端に人間が乗ってもその荷重に十分耐えられる強度があります。

屋根は中央で四十ミリ高くして水勾配を取っていますが、壁とのつながり部は、寸法を割り出して、両肩の二枚だけは特注としました。軒先と壁端は軒樋と竪樋を特注して、水平と垂直が確保されました。

当初は二十年か三十年経てば、両壁はレンガ積みにし、屋根は方形屋根にするつもりでいました。三十年以上経ったところで、屋根中央部分で、表面の塗装が痛んできたので、中央部分だけ同材で浮かせて二重にして補強しましたが、築四十五年になりましたが全体としては健全です。

自邸「すきなや」
リビングルーム（2006年撮影）　写真＝田中昌彦

古枕木は使い方が大切

ある現場で、枕木屋さんと知り合いました。私が「枕木が好きなんだ」と言ったら、「ちょうど良い枕木が手に入ったところだ」というので、百本購入することにしました。

私はコンクリートという材料が好きではありません。わが家の西側四分の一はピロティで、土仕上げ。まずはここを枕木敷きにすることにしました。枕木はあまり加工して使うべきではないというのが私の考え。できるだけ枕木そのままを生かして使うという方針で考えたのが、矢筈型の並べ方でした。両側に少し三角に残る部分には、那智黒石を敷き詰めてあります。

わが家を見に来た人が最初に目にする場所で、なかなか評判がよく、私としてはもっと講釈したいところがたくさんあるのに、意気込みがいささかそがれて残念ではありました。

その後、忘れかけていた枕木屋さんから電話がかかってきて、何でもなかなか手に入らない役物が手に入ったというので、少々値は張ったもののあるだけ購入しました。

役物枕木はポイントなどで使うためのもので、厚みは当然普通の枕木と同じですが、幅と長さが大きい。私の入手したものは、幅三十センチ、長

自邸「すきなや」
左：枕木を使って増設したバルコニー（2006年撮影）
右：増設したサンルーム（2006年撮影）
写真＝須藤和也

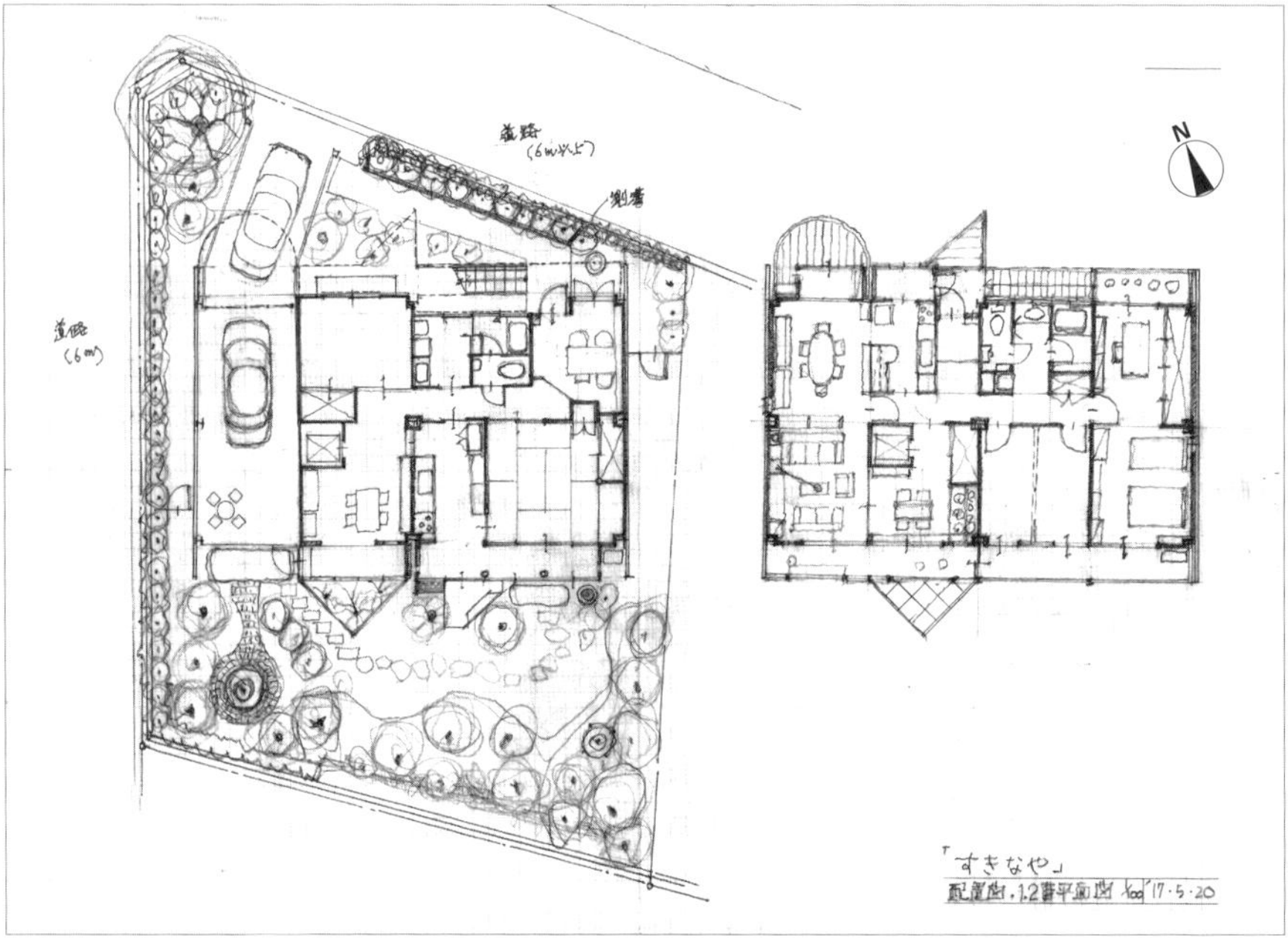

自邸「すきなや」増改築時図面
左：1階　右：2階

自邸「すきなや」北東面外観
写真＝兼松紘一郎（2014年撮影）

さ二・七メートルで、職人さん二人で持ち上げるのもやっとでした。

考え付いたのは、二階の食事室の北窓の腰部分をぶち抜いて、そこに幅三メートル長さ二・七メートルの張り出したバルコニーを設けることでした。鉄骨造ならではの着想と言えます。これもまた見た人は皆、驚くほどの傑作だと言います。

桧製の外階段は、雨の当たる方からだんだんと痛んできます。これもささら桁を鉄骨造にして、幅三十センチの枕木を段板にして改造しました。私としてはこれが一番の傑作だと思っています。桧のささら桁は、長いベンチにして使っています。職人さんたちは残材をすべて廃棄処分してしまいますが、私は物置をつくって皆残してあります。

自邸「すきなや」増設した温室
写真＝兼松紘一郎（2014年撮影）

約十年前には、妻が骨折して入院しているときにエレベーターを設けることを考えました。頑丈な鉄骨造なので確認申請も難なくおりました。増改築がやりやすいことからも、やはり住宅は鉄骨造に限ると思っています。

『新建築』（一九七五年八月号）に掲載されたこともあり、当時名古屋大学の非常勤講師をしていたので、建築の学生がよく見学に来たりしていました。

［鼎談］

柳澤忠×渡辺誠一×鋤納忠治

懐広さと倫理観がよい建築をつくる

鋤納さんとの出会い

柳澤——私が名古屋に来たのは一九六四年です。名古屋大学に建築学科ができたのが一九六三年。飯田喜四郎先生と坂本順先生と私が、ほとんど三人で立ち上げました。横尾義貫《よしつら》先生が時々来ては睨みを効かせておられました。

鋤納——柳澤さんが名古屋に来られた時は、天から鶴が舞い降りてきたという感じでした。私は日本建築学会東海支部の設計計画委員会に所属していました。その委員会は、ほとんど名古屋工業大学（以下、名工大）の先生か名工大出身の名城大学の先生。高橋博久さんは重要メンバーでした。それまで日建の事務所内で仕事に専念していたので、外の世界に出たのは初めてで、学会にかかわったのはそれがきっかけです。伊藤鑛一は所員が外に出ていくのを嫌っていましたからね。でも、設計計画について勉強したいという気持ちがあった。柳澤さんは怖かったから委員会がピリッとしましたよ。

柳澤——私の家内が鋤納さんの京都工芸繊維大の後輩であり、私は鋤納さんとは同じ昭和六年生まれで、さっそく仲良くなりました。建築設計の実務家としては大先輩ですが。日建時代は鋤納さんとは囲碁を教わっていたというつながりだけ。異色の建築家で碁が強いんですよ。碁の石の並びを見て、鋤納さんは模様だという。綺麗な模様に並んでいれば大体宜しいと。仕事でのかかわりは伊藤建築設計事務所が設立され、そこに移ってからです。私が日建設計名古屋事務所から伊藤事務所に行くことになったのは、伊藤鑛一さんが名工大の先輩だったこともあって、織田愈史さんから「今度こういう新しい事務所をつくるから来ないか」と誘われたからです。

鋤納——僕は、一人も直接には声をかけていないんですよ。

渡辺——鋤納さんと織田さん、この二方がやろうというならば身を任そうと思い、立ち上げメンバーに加わりました。伊藤事務所の設立は一九六七年十二月。構造家は私一人だったので、全ての建物の構造設計をやらなければいけない。構造を主とした造形、デザインを要求されるので、それは勉強しましたね。鋤納さんのデザインについて構造で裏付けを行うということをやっていました。

鋤納――渡辺くんに「これは駄目です、やり直し」と言われたこともあったね。

(旧)東海銀行本店

鋤納――「(旧)東海銀行本店」ができた当時は全国から銀行の方たちが見に来た。銀行の本店がこういう形でこれからできるんじゃないかということで、非常に話題になりました。

しかし、残念ながら吸収合併があって事態が変わった。これはもう経済の常で、もっと土地を有効に利用したビルをつくって使いましょうという流れが数年前から起こりまして、この秋(二〇一八年)にいよいよ取り壊しが始まり、建て替えになるんです。

日建設計時代に、私が基本計画を担当しました。それでその後、伊藤事務所ができて五十年の間も、旧東海銀行はずっと私たちのクライアントであった。

左:柳澤忠　右:渡辺誠一

建築というのは使い手があるものですし、つくったものには寿命がありますから必ず建て替えという時期はくるわけです。でも、海外では、たとえ中身がすっかりIT化された事務所になっていても建物は残そうと努力するわけです。そこがね、日本の建築界と外国西洋の建築界との一番大きな差だとは思いますけれど。

渡辺――「(旧)東海銀行本店」は一九六一(昭和三十六)年四月竣工。ちょうど私が日建に入社した年で、事務所の見学会があって見に行きました。驚いたのは、スケールの大きさ。構造の担当は高田十治さん。一階営業室を大スパンとするためにその上にトラス階をつくるなど日建設計はすごい設計をやるなぁと思ったのを覚えています。設計は鋤納さんだと聞いてびっくりしたわけです。

柳澤――意匠構造的にも本格的な建築です。当時、若手だった鋤納さんのアイデアが採用されたというのもすごいこと。受付カウンターに特徴があるんです。主要な道路の向きと対応して、そっちの方を向かなきゃいかんという発想で、受付が三方に睨みを利かしている。

こういう大事な建物が壊される場合に、記録をきちんと残すということはとても大事なことだなと思っているわけです。「愛知芸術文化センター」(一九九二年)は、素晴らしい建築だった劇場と図書館と美術館を全部壊して、一つの建物にするという計画だった。私はコンペの審査委員長をやったんですけれど、建物を壊すにあたって、建築の送別会を盛大にやりました。

病院の方も、愛知がんセンターのお手伝いを今でもしてるのだけれど、私の恩師が設計したいい病院だったのですが、それを二十五年くらいしか使われていないのに、名古屋に来てからすぐに依頼され、壊して建て替えたんですよ。私はファシリティマネジメント(FM)に力を入れていて、早稲田の尾島俊雄さんに、「FMというのは建物の死亡診断書をつくることだ」と言われました。どんな建物でも壊さなければならないときがくるけれど、それにはみんなが納得する壊す理由が揃わないといけないということです。それを揃えることがFMだと。あらゆる職業の一般の人たちがあの建物は大事だったと思うこと、記録を残すことで興味をもって評価するというふうになった方がいいので、やっぱりできるだけ建築以外の人の話題になるようにするのがいいと思います。

「大事な建物が壊される場合に、記録を残すということはとても大事」……柳澤

鍬納――建築の設計という分野は、すみっこの方の仕事かもしれませんが、命を捧げるだけの価値はあるものだと思っています。建築の設計でノーベル賞がもらえるわけでもないしね。そういう価値観からいくとはしっこの方の分野なんだけれど、そこでコツコツやってきました。

柳澤――私は、父親が建築の仕事をしていて、大蔵省営繕管財局で働いていました。その大蔵省営繕管財局というのが、とても大事な場所だったと私は思っています。その後の建設省だとか国土交通省より優れている。営繕管財っていう言葉はね、まさにファシリティマネジメント。営繕管財という立派な言葉があるのに、どうしてカタカナを使わなきゃいけないのかということは言っているんですけどね。

鍬納――昔は役所でも建築課とは言わずに営繕課と言っていました。営繕という言葉では弱いんでしょうかね。

柳澤――基本はね、災害があったときの事業継続計画(BCP)なんです。官庁建築が震災で使えなくなるようではだめだと思う。有事にこそ、業務をやり続けなくちゃい

けない。
オーストラリアの首都キャンベラの都市計画(一九一三年)がまとまったとき、内務省から父に視察命令が出た。出来上がってから実物を見に行くのは普通だけれど、計画段階を見に行けっていうのがすごいと思った。

(旧)東海銀行健康保険組合星ヶ丘体育館

鋤納――伊藤建築設計事務所では、設計初期の段階から構造と一緒に相談しながらやっています。伊藤事務所で最初に設計したのが、「(旧)東海銀行健康保険組合星ヶ丘体育館」(一九六九年)。他に仕事はなかったので事務所総がかりで取り組みました。

四隅にある四本柱で屋根を受けている。普通は基礎から鉄骨を組み上げていきますが、この四本柱は鉄筋コンクリートで、しかも傾いている。その上に斜めに鉄骨をかけている。体育館というのは、中央が高くて周辺は高さが必要ないので、このやり方は合理的で、経済的でもあるんですね。伊藤鑛一はこの設計には大分抵抗したけれど、押し切ってやりました。RCの柱の上部で鉄骨を組むので、現場は大変でした。

(旧)東海銀行健康保険組合星ヶ丘体育館外観

渡辺——屋根そのものがプレートタイプドームです。RC造の四本柱にアンカーボルトがあってそこに斜めの鉄骨トラスをとりつける。キャンティレバーのRC柱に屋根架構を載せる方法です。住居地域に建てるので、奇抜なデザインを避け、建物の軒高さを抑えるというコンセプトで、鋤納さんの意図する「方形」の大屋根を形にするために、この構造になりました。これが中部建築賞の第一回目に入賞しました。

日進市スポーツセンター

柳澤——僕の散歩コースに「日進市スポーツセンター」(一九九六年)があって、毎朝見ています。すごくきれい。いいカーブで安定している。

渡辺——この体育館は鉄骨造立体トラス球裁断殻の四隅をコンクリートの柱で支えています。

鋤納——球形を四点で支持している建築というのは多いんです。構造解析がしやすい。シドニーのオペラハウスは当選案では自然曲線だったけれど、設計の通りにはできず、裁断した球形をたくさん積み重ねることで実現した。

ここも複雑な敷地でしたが、この体育館の配置計画はわれながらよくできていると思う。配置計画というのが私のもっとも得意とするところで、敷地条件というのは変えることができない、どうしようもないテーマなんです。

これはコンペだったんですが、こういうコンペっていうのは費用がどれだけかかるかっていうチェックが大変難しい。だけど案を見比べてみるとプロなら大体見当がつくものなのですよ。

新国立競技場にしても、私の見解では、コストパフォーマンスで設計界が負けちゃった。世界に呼び掛けて国際コンペにしたのだから、ザハ・ハディドの案でやるべきだったと思う。シドニーのオペラハウスはあらゆる困難を乗り越えて国の威信をかけて完成させたと聞いています。

柳澤——こういうコンペでのお金の問題っていうのはすごく難しいね。私が審査側になるときは、基本条件としては予算条件を出すけれど。

一宮地方総合卸売市場

鋤納——配置計画でいうと「一宮地方総合卸売市場」(一九八一年)もうまくいったと思っています。これも指名コンペだったけれど、建物を端に寄せて建てて、これだけの広場を残した案はほかになかった。これは、配置計画を考えついたときに勝ったと思った。建築は要求された面積にプレキャストの構造を利用して、もっとも単純明快な形で建てています。

将来、あえて増築という考え方は取らず、伊勢神宮の遷都のような方式で、建て直すときは使いながら駐車場になっている広場に建てましょうと。これも設計主旨にちゃんと書きました。

柳澤——長く使えるように、改修しやすい案の方がよいと思います。

鋤納——そういう問題を含めて将来予測はできませんので、あくまで建築時に対処できるように空地も広く残しました。建物の寿命の方が先にくると思います。市場というのは塩分があるからコンクリートも腐食するし、鉄骨もさびやすい。永久的に使おうって気はないんです。

渡辺——この時代卸売市場はみんな鉄骨なんですよ。それをコンクリートでやるという発想がまず新しい。鉄骨造は塩分に弱いですけれど、コンクリートのプレキャストはメンテナンスフリー、しかも鉄骨並みの値段でできますというのがうたい文句でした。市場建築の要件として、柱間が大きいこと、構造のデザイン性を強調するというコンセプトから、プレストレストコンクリート構造として、シルバークールっていう既製品のプレキャスト板の屋根を架けた。

柳澤——「Growth and Change」といって、日本語で言うと、成長と変化。これをテーマに論文を書いた(「成長・変化に耐える設計―病院建築の新しい試み」今井正次と共著、『建築文化』一九六九年十二月号)。初めてヨーロッパへ行ったときに、ロンドン大学のリチャード・ルウェリン・デーヴィス教授に会って、「これからはGrowth and Changeだ。病院は鉄骨にしなさい」と言われた。デーヴィス教授から薦められたカナダのマックマスター大学を見に行って、紹介した論文です。

外に足した方が経済的にできるということもあるし、空間に対する要求が別のスペースになることがあるわけでしょう。低層の建物というのは成長も変化もしやすいように思えるんだけれど。

渡辺——物流の卸売市場ですから、取引が終われば空っぽになるので、新しいスペースが必要になることはないと思います。

「配置計画というのが、私のもっとも得意とするところ」……鋤納

鋤納——休市の日以外はほぼ毎日稼働している建物ですから、営業しながら建て替えっていうのが一番いいと考えました。

ツインアーチ138（一九九四年）

鋤納——これは柳澤さんが審査副委員長、委員長は東京農大の造園の先生でした。有力八社による指名コンペでした。

渡辺——国営木曽三川公園の上流部に展望台を建てる計画で、建設省と、住宅・都市整備公団、愛知県、一宮市の発注です。これは鋤納さんが社内コンペを行ったのですよ。私と鋤納さんの案が、偶然にも二本のアーチを組み立てる案でした。デザインはまったく同じではないですけれど、コンセプトが鋤納さんと大体同じだったわけです。木曽三川の流れをイメージして、それを象徴するデザインです。

八社の指名コンペでしたが、うちの案以外はみな当時流行のペンシル型でスリムなタイプ。周りに遮るものがない広い木曽三川公園に、細いペンシル型を建ててみたってマッチングしないでしょう。スケール感のあるタワーの方がいいと、鋤納さんもまさにそういう発想で説明していた。

鋤納——社長が自分の案を選ぶというのはどうでしょうかということだけれども。構造として根拠を渡辺くんが示してくれたのは大きかった。与えられた敷地は百メートル角でしたから、その条件を百パーセント活用するために、脚を開げたのがいいと考えた。

「二本のアーチの高さが違うのは、構造的にも意味がある」……渡辺

アメリカのセントルイス市にエーロ・サーリネンの「ゲートウェイ・アーチ」があるでしょう。あれの類似と思われたらいかんなと、二本のアーチにした。そのアーチも展望台の頭で交わらせてしまっては面白くないと、展望台のさらに上で二本のアーチをずらすデザインにした。類似のものが先にできていないかということを一番気にしていたのですが、幸い現在までその心配はありませんでした。

柳澤——これはどうやってつくっていくの？

鋤納——高所で作業しなくていいように、十字型に基礎をつくって、展望台ともども地上でつくり上げて組んで、脚を一節五メートルずつ足して油圧ジャッキでリフトアップするようにしました。四本脚は五メートルずつの節になっているのです。誰かが「タケノコ工法」というあだ名をつけ

ツインアーチ138展望室から見える木曽川分流の南派川　写真＝兼松紘一郎

てくれました。

渡辺――先に上のパーツをつくり、持ち上げていくので、段々脚が開いていくため、施行中はアーチの中間をタイバーでひっぱり、アーチの形を保持しました。

柳澤――二つのアーチがちがちにつながってないっていうのがポイントなんだね。非常に爽やかに見える。普通の人は両方のアーチは上で一体化すると思っている。「え、離れているの」っていうそこでの驚き、意外性が重要。

渡辺――確かに頂部をつないでしまってはあまり面白くないですからね。二本のアーチの高さが違うのは、構造的にも意味があって、上のアーチが効く場合と下のアーチが効く場合があるわけですね。異なった曲率形態にしています。

鋤納――二本のアーチの底辺(脚元)は九十メートルで開き方は一緒なんですよ。アーチの円弧の描き方が違う。それが円形の展望台の頭をつないでいるところで一致するようになっているんです。

鋤納さんに一言

柳澤――鋤納さんは、碁が七段、ゴルフもお上手、とにかく非常にバランスのいい文化人。名古屋大学で非常勤講師

●施工手順

〈リフトアップ概要〉
リフトアップ総重量———約 3400 t
油圧ジャッキ（200 t 型）使用個所
　柱————4 本×各 6 カ所＝計 24 カ所
　EV シャフト—10 カ所

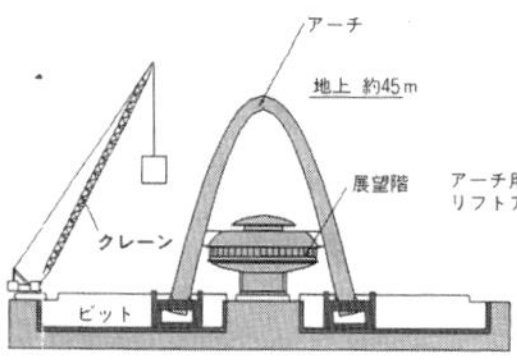

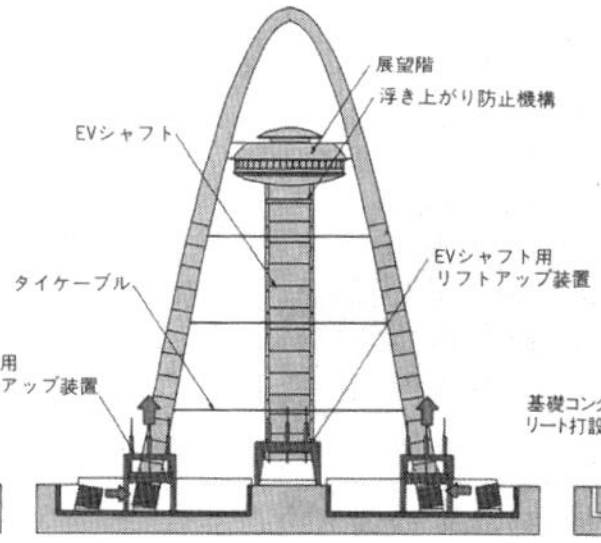

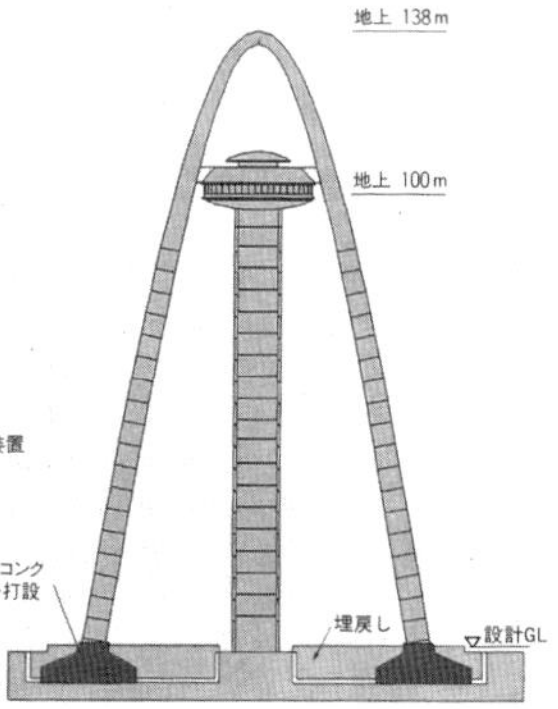

〈I〉　頂部地組 → 〈II〉　リフトアップ（1 週間サイクルで，19 回繰り返す） → 〈III〉　基礎コンクリート打設

〈I〉
①基礎およびピット構築
（ピットは鉄骨基礎，地中梁を一部兼用）
②アーチ頂部および展望階組み立て
③展望階仕上
④リフトアップ装置組み立て

〈II〉繰り返し
①油圧ジャッキによりリフトアップ
（1 回につき 5 m リフトアップする）
②アーチ，EV シャフトブロックを搬入し，組み立て
③同上ブロックの溶接，検査
④仕上（塗装，外装取り付け，設備配管取り付け）
⑤5 カ所で同時にリフトアップ

〈III〉
①ピット内本設基礎配筋，アンカーボルトセット
②コンクリート打設，ピットと一体化
（埋込柱脚）
③ピット内へ埋戻し
④本体基礎完成

十字型の基礎をつくり、
地上で組み立ててリフトアップする
「タケノコ工法」

施工中の様子

を十四年（一九七四〜八八年）もやっていただいて、学生のやる気が起こるようにうまく仕向けてくださった。
建築家には今ないものを想像する力がある。一般の人は目の前にものがないとなかなかことを想像できないです。単に箱をつくるのではなくて、将来を予想する能力があることをもっともっと幅広く広めてほしい。デザインビルドが流行って、設計事務所がなくても施工会社さえあればそれでことが進むんだという風潮がある中で、設計事務所が世の中にある大切さを主張していただきたいというのが、私の鋤納さんへのお願いです。
もう一つ、設計をやりっぱなしではいけない。工事を見守っていく監理というのは非常に重要です。一つの建築が後々どういう風に人間生活を豊かにしていったかということを見届けていく、見続けていく継続的な努力をしなくてはいけないときに、お手本を見せていただけないかなと思っている次第です。

渡辺——鋤納さんとは割合に間が合うというような気がするんです。ですから、設計においても私の提案を、素直に受け入れてくださったと思う。鋤納さんとの協働というのは非常にいい経験でした。
そして、私も建築学会や建築構造技術者協会の委員・役員、名工大の講師をやったりしましたが、そういう社外の活動にも寛容でいらした。構造図作成ソフトの開発や博士号の取得も、伊藤事務所で仕事をしながらやらせていただいた。椙山女学園大学から声がかかった時も、伊藤事務所に椙山女大の定年まで籍を置いていただいた。度量の深さ、いわゆる建築バカではない、建築家の中でも非常にものの見える建築家である、と尊敬しています。

やなぎさわ・まこと…一九三一年生まれ、兵庫県芦屋出身。一九五七年東京大学工学部建築学科卒業。一九五九年久米設計入社。一九七五年から名古屋大学教授。一九七六年に建築計画連合を創設。一九九五年、名古屋市立大学教授・芸術工学部長に就任。二〇一一年からは公益社団法人日本ファシリティマネジメント協会顧問を務める

わたなべ・せいいち…一九三七年生まれ、北海道出身。一九六一年三月、名工大建築学科卒業、日建設計工務に入社。一九六七年一二月、伊藤建築設計事務所設立に伴い移籍、構造総括となる。一九九五年四月から椙山女学園大学教授。二〇〇八年四月、同大学名誉教授、SD研究室（一級建築士事務所）を開設。日本建築学会終身会員、日本建築構造技術者協会名誉会員、JIA登録建築家

JIAの理事と選挙

日本建築家協会（JIA）に入ったのは一九八七年に建築家協会と設計監理協会が合併して新日本建築家協会になる直前の一九八五年です。伊藤鑛一さんの勧めでした。新日本建築家協会ができてすぐに理事になって、東海支部長になり合わせて四年。一年置いて、理事就任予定だった鈴木隆二さんが急になくなり、理事を二年。合計六年も理事をやった人はほかにいないかもしれませんね。

最初は選挙で理事に選ばれたんです。その時、九州支部でも福岡、熊本、大分から立候補者があって、選挙になった。大抵が無投票なのですが、選挙で理事になったと話題になりました。立候補締め切りの日の昼休みに、杉浦さんと広瀬さん、藤川壽男さんたちが事務所にやってきて、「理事選挙に出てくれ」、と。ほかに立候補した人がいたけれど、その人ではだめだというんです。ちょうどその日、JIAの会合があって、中田亨専務理事が名古屋に来ていた。事務所には事後承認です。杉浦さんが選挙事務局長を買って出てくれ静岡や岐阜の有力事務所に支持を訴えて回った。それまで、私はJIAの活動なんてほとんどやったことがなかったのだけれど、大差で勝利しました。

理事会では相当発言しました。私が提言したことの一つは、「新日本建築家協会の新の字を外しましょう」ということ。「ずっとこのままだと、誰かが日本建築家協会と名乗ったらどうなりますか」と言ったのです。大阪の西部明郎さんは「ほかの建築団体と協議してこうなったのだから、勝手に変えるわけにはいかない」と絶対反対の立場でしたね。ところが次の総会で再度、新の字をとることを主張したら元会長の穂積信夫さんや北代禮一郎さん、中田専務理事が賛成と言ってくれた。ほかにも長老たちから賛同者が出て、ようやく新の字をとって日本建築家協会になることになったのです。

JIA東海支部の機関誌『ARCHITECT』には、理事会報告を一所懸命書きました。自分の意見もその中に書きたいという思いもあった。全国の支部に送っていたので、翌月の理事会ではいろいろ励ましをもらいました。

十二人の識者に聞く「建築家とは何か」インタビュー

『ARCHITECT』では一九八八年十一月号から、十二人の識者に建築家の職能についてどう考えているかを問うというインタビュー❖16を始めました。ちょうど、JIAができて「建築家とはなにか」「世間ではどのように認識されているのか」を議論していました。一年かけて昭和六年「未」年生まれの名古屋「六羊会」のメンバーを中心に十二人の識者と対談をしましたが、皆さん本当のところ建築家の職能についてほとんど理解されていない。「これはあかん」と思いました。総理大臣になる直前の海部俊樹さんにもインタビューをしましたけれど、有名な二、三人の建築家の話をされましたが、建築家の職能の認識についてはどういうものかよくわかってい

❖16 「建築家とは 十二人のインタビュー」。日本建築家協会東海支部機関誌『ARCHITECT』に一九八八―一九八九年まで連載。識者十二名は以下。88.11：須田寛氏（東海旅客鉄道代表取締役）／88.12：小出忠孝氏（愛知学院大学学長）／89.01：宮崎秀樹氏（医師・参議院議員）／89.02：横越英一氏（愛知県立大学学長・政治学者）／89.03：月尾嘉男氏（名古屋大学建築学科教授）／89.04：水野宏氏（名古屋大学名誉教授・公衆衛生学者）／89.05：海部俊樹氏（衆議院議員・同年八月に内閣総理大臣）／89.06：武藤三郎氏（中部大学教授）／89.07：石塚直隆氏（医学者・元名古屋大学学長）／89.08：加藤卓男氏（陶芸家）／89.09：水谷研治氏（東海銀行常務取締役調査部長）／89.10：小山齊氏（名古屋弁護士会会長）

ないと感じましたね。

お一人だけ、宮崎秀樹さんという医師会代表の参議院議員の先生は建築家職能について大変理解があって、「建築家法をつくるのならいつでも協力しますよ」と言ってくださった。「国会議員を十人集めれば議員立法ができるから」と。でも、私はドン・キホーテになるほどの力も情熱もなかったのでした。

建築家の倫理、懲戒審査委員会の思い出

ＪＩＡの懲戒審査委員会は当時七名の委員会で、そのうち五名は東京の人で構成されていました。以前に関西から山根正次郎さんが出ておられたことは知っていました。理事の任期を終えた後、しばらくしてそこへ私が選任されたのです。鬼頭梓[17]さんが委員長で、理事会での言動などから、私の倫理観を信用して選んでくれたのではないかと思っています。これは敬愛していた山根さんの後を引き継いだような気持ちでうれしかった。しかし、同業者を審査するというのはまったくきつい仕事でした。「施主から頼まれてやむを得ずに一級建築士の名義を貸した」という、立派な立場にあった建築家が姉歯事件に関連して一般新聞に名前が出てしまったといった気の毒というしかないような事件もあった。同業者を裁くというのは大変つらい仕事でした。だけど新聞にまで記事が出るとやはりお咎めなしというわけにはいかない。

伊藤鑛一さんが昔私に「お客さんに信頼されなければ、設計なんてできないよ」と言ったこ

❖17　鬼頭梓（きとう・あずさ）一九二六年—二〇〇八年。建築家。ＪＡＡ（旧・家協会）時代より日本建築家協会の要職を歴任。一九九二年から一九九六年までは同協会会長

とがあります。この言葉が私の設計術のもとになっている。建て主が建築家に疑いをもっているようでは、本当の設計はできませんからね。

相通じる囲碁と設計術

囲碁との出会いは、建築の学生になって製図室で先輩らが碁を打っているのを見て自然と覚えました。製図室では麻雀は禁止されていましたが、なぜか碁は黙認されていました。夏休みに古本屋で定石の本を買って読んでいたら、休み明けには同級生の中で一番強くなっていた。もしかして私には碁のセンスがあるのではと思って、それまでやっていた将棋をやめて囲碁一筋となりました。

就職をして名古屋へ来てすぐは給料も安く、休みの日にはすることもないので、先輩に連れられて名古屋松坂屋の向いにあった「田中棋院」という碁会所に通うようになりました。当時、入場料が三〇円、「負けると一局二〇円。勝てばタダ」という決まりで、例えば五局打つと二回負けたとしても、七〇円あれば一日遊ぶことができました。

一年くらいしてその碁会所がたたむことになったときに、田中棋院の先生に「これが最後だから初段をあげましょう」と言われて初段を取りました。そのとき先生から「最初は七級くらいだった。一年足らずでよく上達した」と聞かされました。そこから二十代で二段、三十歳で三段と十年ごとに昇段する目標を建てました。しかし、段々仕事が忙しくなってその通りにはいきませんでしたが、ＪＩＡやロータリークラブ、六羊会などで囲碁部をつくり、囲碁は続けていました。社長を辞めてからやっと時間と気分に余裕ができ、また本格的に勉強をして七七歳の喜寿を記念して日本棋院からアマチュアでは最高位になる七段を取得することができました。それまでには周囲を信用させるために新聞社の囲碁大会にも出場して、八位以内に入賞したりもしました。

名古屋大学で非常勤講師をしていたときには、学生に「設計をやるならば囲碁をやらなくてはいかん」と言って物議を醸したこともありました。

我田引水と言われるかもしれないけれども、私は碁と設計術は相通じるものがあると信じているんです。囲碁に、布石、中盤、終盤(ヨセ)という流れがあるように、建築設計においても碁と同様に、与えられた条件に対して求められているものをいかに上手に打ち進めるか、相手(設計条件)に対していかに真面目に立ち向かっていくかが重要になります。

今や建築の設計も碁も、ＡＩにやられているように見えますが、私は未だ人間の術を信じています。とにかく碁を打つときは、普段使わない頭脳をフル回転させて考える時間が持てる。このことは設計の訓練にもなります。

よほどインパクトがあったのか、ある教授の退官記念パーティーで一人の教え子がやってきて「先生に囲碁をやらなきゃ設計は上手くならないと言われたのを覚えています」と言われました。そして「碁はやらなかったけれど」と言って出された名刺を見ると「博士、某研究所所長」とあって安心したこともありました。

オーストラリアに行ったときには、シドニーの地下鉄で迷ってしまい、途方に暮れていたら、駅のホームで囲碁の本を読んでいる日本人の老人に出会い助けてもらったこともありまし

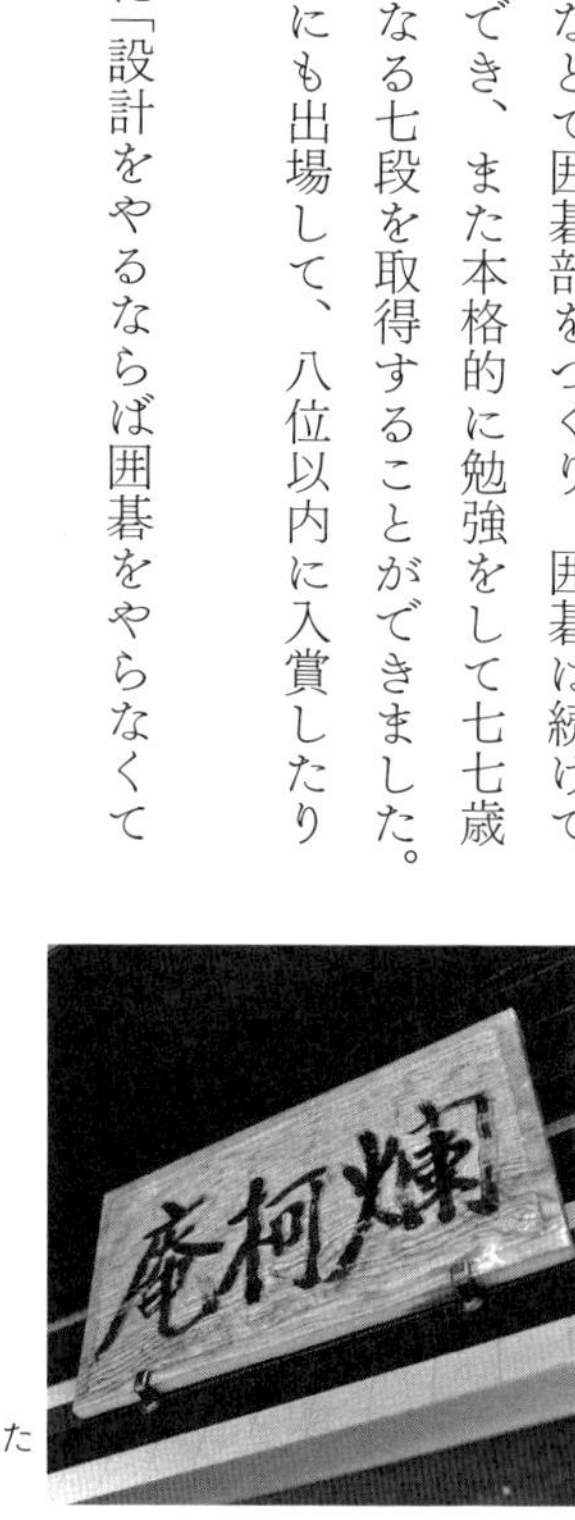

爛柯庵。
「欄柯」とは故事(「述異記上」)から生まれた
囲碁の雅称

た。旧日本兵で、オーストラリアで終戦を迎えてそのまま日本には帰ったことがないという人でした。

囲碁をきっかけにたくさんの人々との交流がありました。自邸「すきなや」の一階の入り口には私が揮毫して彫った「爛柯《らんか》庵」❖18の扁額がかかっています。

❖18 中国の故事で「囲碁」を意味する言葉

鋤納設計術とは

設計とは何か。術である。

少なくとも学問とは思われない。計画学という学問はあるけれど、設計学という言葉は聞いたことがない。計画だったら建築家でなくてもいいかもしれない。だけど、設計というものは多少学問もいるけれど、やはり何か希望の持てるものでなくてはいけない。マンションとか団地の間取りなんかは固定化し皆同じで定着してしまっていて希望がない気がする。住む人も家を自動車や家電製品を買うような感覚で、建築の設計というものにまで考えは至っていない。

目黒の「塚本邸・グランフォート目黒」では、そんな日本の住宅の在り方にちょっと抵抗してみたんです。単調で画一的なベランダをやめてそれぞれに引っ込んだ屋外空間というか、小さな部屋のようなバルコニーをつけた。「ツインアーチ138」だって、全国で二百数十基あるタワーの中で類型のない形なのだそうです。木曽三川から頭に川の流れがひらめいた。私は曲線というものは難しくて今までなかなか使わなかったのだけれど、これなら使えると思ったね。

私の設計は、一味違う。私の学生時分は、「線が生きている、線が死んでいる」とか言い合ったものです。学生同士で、「お前の絵は死んでいる、もっと生きた絵を描け」とかね。お互いに厳しいけれど、なんとなく言わんとしていることがわかる。そういう場で切磋琢磨するのが大事じゃないですかね。

設計術とは高尚な学問でもなく、かといって低級ではなく、ごくありきたりの感覚でいいか悪いか判定できるもの、あるいはそれが人によって違ってくるものかもしれないが、本来人間の備えていなくてはならない素朴な教養なのではないだろうかと思う。それは設計者じゃなくても同じで、素人は生み出すことはできなくても、「なんかいいな」というのはわかる。それが術なんです。

⦿このインタビューは、名古屋市中区丸の内の伊藤建築設計事務所・エルイー創造研究室にて二〇一七年一一月二〇日、二〇一八年一月二二日、二月二二日、三月二六日にわたって収録された。インタビュアーは西川直子、山崎太資。テキストは山崎太資が原稿化し、鋤納忠治およびインタビュアーが加筆、修正を行った。写真・図版提供については、伊藤建築設計事務所の協力を得た。

コラム❺

JIAと私

私を変えた理事選挙

鋤納忠治

突然の選挙

私のJIAの活動の中で最もエポックメイキングな出来事は、一九九〇年度の理事選挙であったかと思う。この年JIAでは、初の実際投票による選挙が、関東甲信越・東海・九州の三支部で同時に行われた。このときは、それぞれ支部ごとに、投票に持ち込まざるを得ない事情を抱えていたのであった。

当支部でもそれまでは、現役の人たちを中心に話し合いで人選が進められていたらしく、その後もそうした体制で平和裡(?)に収められてきている。ところが、この年に限って小坂忠勝氏が独自に立候補した。慌てた執行部側(?)はぎりぎりになって私に立候補を迫ってきたのである。長年、地域文化雑誌「C&D」の活動などで世話になっている先輩の広瀬一良さんを中心に、当時の支部役員たち数人に取り囲まれて、私は事務所内で相談する間もなく、独断で立候補を決心したのであった。

実は私はそれまで、JIAではほとんど活動歴はなかった。一九八五年、五四歳で旧家協会に入会し、ほぼ二年後JIAが発足し、そのまま移行したので、いわば年寄りの新人であった。しかし立候補した以上は戦わなければならないと、建築ジャーナルの杉浦登志彦氏は自ら選挙事務局長を買って出てくれ、静岡、岐阜、三重へのあいさつ回りもした。選挙戦は大変ではあったが面白かったし、後々の活動に大いに役立った。

選挙後、初めての支部の会合に出たとき、三重の長老である森永俊男さんから「君か！　選挙までして理事になったのは」と一喝されて、「どうもご迷惑をおかけしてすみませんでした」くらいの返事しかできなかったことを忘れていない。私としては選挙後には何のしこりも残ってはいない。しかし、この森永さんの言葉の中には多くの会員が持っているいろいろな思いが込められているのではないかと考えさせられた。その後のJIA活動では、常にこのときの選挙が原点となって私の背中を押してくれた。

「理事会レポート」始まる

さて、いよいよ理事会へ出ていくことになったところで、『ARCHITECT』編集部から、理事会の様子を面白くレポートしてもらえないか、という注文が来て、それは私にとって義務かもしれないと思って引き受けた。そのためには、私は真面目に神経を研ぎ澄まして理事会に出席しなければならないことになった。

最初のレポートは、「波乱の幕開け」というタイトルで、一九九〇年五月二八日の「通常総会」と、引き続いて行われた林昌二新会長による最初の「理事会」である。そこでは新会長の提案する「企画運営会議」について本部中心・地方軽視ではないかという議論が続き、時間切れ採決になるなど、第一回目からいわゆる「南北問題」といわれる難しい課題が持ち上がったことが、リポートされている。

『ARCHITECT』は当時、全国の支部と理事たちに配布されていたので、原則毎月催された理事会のたびに、あちこちの理事さんから「面白かったよ」と声をかけられたり、旧知の林昌二さんからも、皮肉たっぷりのほめられ方をしたりして、私としてははずみがつき、やめられないものとなってしまった。

理事を通算三期

理事を一期やった後、引き続いて支部長を一期務めて引退したつもりでいたところ、一年おいて次の理事候補だった鈴木隆二氏が急逝され、急にまた一期、理事をやれということになった。結果として通算三期六年、理事を大過なく務めさせていただけたのも、選挙が原点になっていたのかなとも思ったりしている。

（日本建築家協会東海支部機関誌『ARCHITECT』二〇一四年七月号）

コラム❻

建築家倫理への強いこだわり

建築家（元日本建築家協会会長）
鬼頭 梓

鋤納さんが建築家を志して五十年だと言われる。大学を卒業してとか仕事を始めてとか言うのではなくて、志してから五十年と言われる辺りは、いかにも鋤納さんらしい区切りの付け方で、人間何よりも志が大切だと、改めて教えられる想いがする。そして何よりも素晴らしいことはその五十年、いささかもその志を曲げることなく、また曇らせることもなく、今日まで一途に貫き通して来られたことである。ここに深く敬意を表し、心からお喜びを申し上げたいと思う。

私が鋤納さんを存じ上げるようになったのは多分JIAの理事会においてであって、何期か私と任期が重なって次第に親しくなったのだと思う。理事会ではいつもきちんとすじの通った主張をされ、同時に必ずと言っていいほど、東京と地方の違いを力説された。建築家のプロフェッションとしてのあり方が可能になるのだと、暗に東京の観念的プロフェッション論を批判されるのが常であった。ご本人はそれほどのお気持ではなかったのかもしれないが、私はいつもそう受け止めていた。

鋤納さんの言われることには必ずどこかに私の反省を強いるものがあったのである。

建築家資格の問題でも同じで、資格は個人に与えられるものであり、従ってその個人の属する職場の如何《いかん》を問うものではなく、また、おおよそ建築の設計監理という仕事にたずさわる以上、職場の如何を問わずにプロフェッションとしてのあり方が追及されるべきだという私の考えに対して、鋤納さんは真っ向から反対される。

それで果たして建築家の倫理が守られるのか、プロフェッションは個人の資格においてではなく、業としてのあり方に支配されるのではないか、と鋭く私に反省をせまるのである。この意見の対立は未だ当分解消されそうにない。

ないまま共有する建築家倫理への強いこだわりの故に、私と鋤納さんとは深い信頼関係の中にある。

今、日本の建築家は余りにも多くの課題を抱えている。いや建築家のみではない、プロフェッションと呼ばれる職業は、危機に瀕していると言ってもいいのである。その中で鋤納さんに期待する所は極めて大きい。志を同じくする者の一人として、心からの声援をおくり、さらに二十年、三十年の健闘を祈らずにはいられない。今後は地域のためにのみでなく、日本全体のために。

(『建設通信新聞』二〇〇〇年五月一九日[金曜日]刊)

きとう・あずさ…経歴はP84参照

コラム❼

会員の声 私の戦後五十年

シドニーの老日本人

鋤納忠治

数年前のこと、ある場所に行くためにシドニーの地下鉄に乗ってみた。しかし、目的の方向とはまったく違うところを走っているようで、だんだん、時間の余裕も少なくなり、不安が募ってきて、ある駅で電車を降りた。

プラットホームでキョロキョロしていると、ベンチに座って「碁」の本を読んでいる人が目に留まった。小柄な初老の男性で、作業服を着た人だ。あまりの不思議さに声をかけてみたら日本人であった。道(電車)に迷っていることを話すと、上下に重なっているプラットホームを、階段を上ったり下ったりして、遠い乗り場まで連れていってくれた。

その間、いろいろな話ができた。まず、私が碁を打つことを告げると、毎週何曜日(いつだったか忘れた)には、あるところで碁会が開催されるので、来週の碁会にぜひ来なさいという。明日発つのだと言うと、がっかりした様子だった。

この人は日本軍の兵隊であったと言ったが、それ以上詳しいことは聞きづらかった。終戦後この地に残り、以来ずっと独身で、仕事はホテルの洗濯係りをしているという。これからアパートに帰るところだと言って別れた。同行のS君の英語力もあてにならず、二人でうろうろしていたところで、まさに「仏」ならぬ、「碁の本をみている日本人」に出会うとは、まったく不思議なことであった。

さて、最近のTVで、五十年前に日本軍がオーストラリアを空爆した跡地や、日本軍人の捕虜が「生きて虜囚の辱めを受けず」として集団自殺したという番組をみた。私の脳裡では、当然あのときの日本人のことが重なっていた。

私は、なぜか時々、あのときの日本人のことを思い出す。一度も日本へは帰ったことがないと言ったあの老人にとって、戦後の五十年とはいったい何だったのだろうか。碁を友として暮らしてきた五十年であったとすれば、それはそれで「それも一局」の人生というしかないかもしれない。しかし、それにしても、あまりにつらい思いのする思い出である。

一九九五年八月一五日(伊藤建築設計事務所社長)

(『C&D』No. 104 1995 vol. 27)

コラム⑧

学生の設計指導への情熱

名古屋大学工学部教授
谷口 元

私は「鋤納さん」とお会いすると、今でも時々「鋤納先生」といってしまいます。かれこれ二十年ほど前の私の助手時代に、非常勤講師として数年設計教育を担当されていたからです。

若い学生たちは口が先に立って、なかなか手が動かないことが多いのですが、鋤納さんはとにかく言葉よりもスケッチや図面に描いてくることを要求し、自らも太い鉛筆や色鉛筆で描きながら、深夜まで指導されました。また毎年必ず学生たちを連れて建物の見学に行きました。ごく当たり前のことのように思われがちですが、実務経験の少ない大学の先生による教育現場では、指導の先生方も言葉や資料で指導することが、どうしても多くなってしまうのが実情です。

普段はごく優しく学生に接しておられましたが、ある日突然、「今の君たちには優れた設計をする同級生を尊敬する心がない。設計が旨い人になりたいという姿勢や意欲がない。むしろ設計に熱中する同僚を馬鹿にまでしているのではないか」と諭されました。

昔はできる学生の順番になると、周りから人が寄り集まってきて、できばえを見て少しでも見習おうとしたものです。それがいつのころからか、他人の作品に関心がないばかりか、必須科目だからしかたなくとか、自分は進路が設計でないからという見切りを早くからつけ、熱が入らないという傾向がありました。その雰囲気を敏感に感じとられ、見過ごすことが出来ないと思われたのです。

建築を学ぶ全ての卒業生が将来建築設計に携わるわけではありませんが、これから建築に関連する社会で仕事をしていく以上、設計に従事する人物の立場を理解し、尊敬心や信頼感を育むことは、設計者としての社会的責任や倫理を教育するのと同じくらい重要と、その出来事以来、考えさせられました。建築設計組織を設計業者と呼んだり、入札方式で適任者を選定できるとする最近の風潮は、そのあたりにも根があると思われます。

眼光鋭い容貌で取っつきにくいという印象があるようですが、お会いして軽妙な皮肉や冗談をおっしゃる姿に接しているうちに、親しみを感じとられる方が多いと思われます。

その鋤納さんが、ある時期所属する団体本部の運営方法を憂い、随分落胆なされておられることがありました。我々若い者のつとめとして鋤納さんやその仲間の方々が、失望しない建築界をつくり上げていく義務があると思っています。これからもお元気でご活躍ください。

（『建設通信新聞』二〇〇〇年五月一九日［金曜日］刊）

たにぐち・げん…一九四九年愛知県生まれ。名古屋大学名誉教授。一九七四年名古屋大学大学院工学研究科修士課程建築学専攻修了後、ＩＮＡ新建築研究所、一九九五年より名古屋大学教授。二〇〇一年より名古屋大学総長補佐を務める。工学博士

解は必ずある 鋤納忠治の設計術

西川直子｜編集部

素人にも伝わるもの

鋤納忠治さんと建築の話をするのは楽しい。そこには欲得がなく、どこか遠くを見ている普遍性があるからだ。鋤納さんに言わせれば、鋤納設計術の第一は敷地の使い方である。そのほかに、さまざまな条件がある。それをすべて受け入れ、解いていくのが鋤納設計術なのだ。答えは必ずある。そう鋤納さんは、信じているようで、答えを見つけていくことに嬉々としている。そこには、設計組織や建築規模の大小も、地方も中央もない。設計者の年齢も経験も地位も関係ない。解いていくことに建築の面白さも値打ちもある。そして、よく考えられてつくられたものは建築に限らず、普遍性を持ち、素人にも不思議と伝わってくる。何かいいな、好きだなと思うもの、まちでも道具でもいい。素人だから理由はわからなくても、良いものにはどこか共通するものがある。それを普遍性というのではないだろうか。

一流の経営者を魅了する

クライアントとの向き合い方について鋤納さんは「仕事を引き受ければ満足してもらうまで、かじりついたらただでは離しませんよ」という。何か商売的な言い方に受け取られるかもしれないが、鋤納さんの場合、例えば彼の好きな囲碁をやるような、もっと純粋な感覚なのである。いや、囲碁が好きなのは建築に似ているからなのだ。どうも鋤納さんの場合、建築のトレーニングとして囲碁をやっている節がある。もっと言えば、このごろ作陶に凝っているそうだが、結局それをどう置くかを考え、自邸の「すきなや」改造に励んでいるらしい。さて、鋤納さんはまたこうも言う。「受注前のクライアントとの出会い、仕掛け、付き合い、設計、監理、竣工、竣工検査、竣工後の定期的な周年検査…、設計の細かいところから、都市計画を見据えたところまですべてが鋤納設計術」なのだそうだ。だから「かじりついたらただでは離しません」という表現になるのだろう。

この本の52ページで「一流の経営者を魅了する堂々たる骨太な計画性を世に示した」と柳澤忠氏が記している。(旧)東海銀行本店ビル(二〇一九年に解体された)についての記述である。

それまで前面道路からの入り口と直面するのが常識だったカウンターを道路に直行する形へと変えた。図書館などで、今では推奨されるやり方だが、当時は革命的であった。また柳澤氏は、その後伊藤鑛一氏らと設立した伊藤建築設計事務所のプレゼンテーション方法について説明が明快で図面に簡明な説明文を加えた独自のスタイルだと評する。つまりどういうことかというと、理知的に徹底的に考え抜かれた案は、巧言令色なくしても、一流の経営者なら理解できるし、もっと言えば、通りすがりの人間でさえ、なんとなくいいな、うまくいっているな、と感じるものだということだ。例えば名古屋商工会議所ビル。見に行って驚いたのが地下の駐車場にまわす斜路である。普通なら裏の、見せたくないみじめな部分なのに、一切手抜きがない。鋤納設計術には裏も表もないのだ。44ページに若干解説があるが、交通至便のところにあるので、見に行ってほしい。ほかにも「一宮地方総合卸売市場」(一九八一)、「瑞浪市総合文化センター」(一九八四)、「日進市スポーツセンター」(一九九六)など、59ページからは鋤納設計術の例として五つの実践が語られる。どれも飽きられることなく長きにわたり使われて健在だが、やはり心残りは(旧)東海銀行本店ビルの解体だ。

建築とは何か

「建築に対する教養がないんだね」。鋤納さんにしては珍しく愚痴をこぼす。「受験勉強ばかりやってきたからダメなんだ」。教養とは何か。知性に対する信頼、知に対する渇望。93ページで谷口元氏が書いている。鋤納さんがある日突然学生を前に「君たちは設計のできる同級生を尊敬する気持ちがない。設計がうまくなりたいという姿勢や意欲がない。むしろ設計に熱中する者を馬鹿にまでしているのではないか」と諭したというのだ。谷口氏自身の学生時代も、できる学生の周りには人が集まってきて少しでも見習おうとしたものだと振り返るが、偏差値や点数でしか評価されない社会では、建築は残念ながら延床面積至上主義になってしまう。政権でさえ、株価や為替の値動きで評価される時代だ。容積率目いっぱいに建てられていない、もしくは容積率の緩和が受けられるとなると、どんなに考えてつくられた建築でも解体されて建て替えられることになる。では、どうしたらいいのか。

「住宅って人そのものですよね。どんな家に住んでいるかで、その人がわかります」。ある時私がふともらした言葉を鋤納さんはたいそう気に入ってくれた。実は私は今の二十代を中心に、住宅や建築に対する新しい価値観が芽生えつつあるのではないかと期待している。経済成長もバブルも知らない世代。新築にはこだわらないし、シェアやリノベーションが当たり前だ。それは若い時に経済成長の前の貧しい時代を経験した鋤納さんと共通するところがあって、何か普遍的な、建築が本来持っている「ゆたかさ」を求め続けていくのではないか。その時、鋤納さんの設計術が参考になる、いや大いに参考にしてほしいと心ひそかに願っているのである。

年表

西暦	和暦	年齢	経歴	業績・作品	受賞	旅
1931	昭和6	0	大阪府豊中市で生まれる			
1937	12	6	豊中市立第一小学校入学			
1941	16	10	太平洋戦争勃発。明徳国民学校に名称変わる			
1943	18	12	大阪府立豊中中学校入学			
1945	20	14	六月七日の大阪への大空襲で家を爆破される。八月十五日に終戦			
1947	22	16	学制改革で豊中中学から豊中高等学校へ編入			
1950	25	19	京都工芸繊維大学工芸学部建築工芸学科入学 （建築基準法制定）			
1951	26	20				
1952	27	21				
1953	28	22			京都府主催「店舗付共同住宅」コンペ2等入賞	
1954	29	23	日建設計工務株式会社入社。名古屋事務所勤務			

西暦	昭和	年齢	事項	作品	受賞	海外
1957	32	26			日本建築学会「市民体育館」コンペ2等入賞（協同）	
1958	33	27	一級建築士資格取得	東海テレビ放送本社屋（第一期）		
1960	35	29	結婚			
1961	36	30		(旧)東海銀行本店		
1962	37	31				
1963	38	32	（建築基準法、容積制に改定）			
1964	39	33				
1965	40	34		地域文化雑誌『C＆D』創刊にかかわる	「日本建築センター」コンペ優秀案入賞（協同）	アメリカ・カナダ（日建設計）
1966	41	35		岐阜県庁舎		
1967	42	36	日建設計を退社し伊藤建築設計事務所に入社	名古屋商工会議所ビル		
1968	43	37	伊藤建築設計事務所東京事務所を開設	(旧)東海銀行健康保険組合星ヶ丘体育館	中部建築賞入賞	
1969	44	38		中京テレビ放送本社屋並びに放送塔	中部建築賞入賞	
1970	45	39		中部電力一宮営業所	中部建築賞入賞	
1971	46	40		東栄ビル	中部建築賞入賞	
1973	48	42		桑名市庁舎	中部建築賞入賞	
1974	49	43	名古屋大学工学部非常勤講師	自邸「すきなや」		
1975	50	44		中電ビル西館	中部建築賞入賞	
				名古屋市守山軽費老人ホーム	中部建築賞入賞	
1976	51	45		東邦ガス東館	中部建築賞入賞	

西暦	和暦	年齢	経歴	業績・作品	受賞	旅
1977	52	46		愛知県津島勤労福祉会館		
1978	53	47		(旧)名古屋弁護士会館(指名コンペ)		
1979	54	48	豊橋技術科学大学非常勤講師	中京テレビ放送本社新館	中部建築賞入賞	
1980	55	49		御幸ビル		
1981	56	50	代表取締役就任			
1982	57	51		一宮総合卸売市場(指名コンペ)	プレキャストコンクリート技術協会作品賞	
1983	58	52	代表取締役社長就任	日経名古屋新館(テレビ愛知)		
1984	59	53		名古屋共済会館「三の丸会館」 瑞浪市総合文化センター(指名コンペ)		
1985	60	54	旧日本建築家協会に入会	豊島ビル		
1986	61	55		愛知県赤十字血液センター	日本建築学会作品選集	
1987	62	56	代表取締役会長伊藤鑛一他界(享年87) 新日本建築家協会発足			香港(伊藤設計)
1988	63	57	JIA理事			オーストラリア(デザイン博視察)
1989	64	58		愛知県旭高原少年自然の家	公共建築賞優秀賞、中部建築賞入選、日本建築学会作品選集	
1990	平成2	59	JIA理事・東海支部長	「世界デザイン博」会場施設(設計連合代表)		シンガポール(伊藤設計)
1991	3	60				

1992	4	61			北京（伊藤設計）
1993	5	62			シカゴ（UIA大会）
1994	6	63			アンコールワット（ASA大会）
1995	7	64		ツインアーチ138（指名コンペ）	バリ島-ボロブドール
1996	8	65	JIA理事 JARAC理事	日進市スポーツセンター（指名コンペ）	バルセロナ（UIA大会）／イタリア
1997	9	66	代表取締役会長就任		シンガポール／北欧（JIA）／ニュージーランド（六羊会）
1998	10	67			韓国ソウル空港視察
1999	11	68	名古屋建築設計連合代表		東欧周遊ベニス-アムステルダム（オリエント急行）／北京（UIA大会）
2000	12	69			韓国周遊
2001	13	70	取締役相談役就任		アメリカライトツアー（JIA）／欧州ツアー（JIA）
2002	14	71			インド（JIA）／ベルリン（UIA大会）
2003	15	72			メキシコ（JIA）
2004	16	73			北イタリア-スイス／バルト三国-ロシア
2005	17	74			ベトナム／ポーランド-スロバキア

西暦	和暦	年齢	経歴	業績・作品	受賞	旅
2006	18	75				ギリシャ／ポーランド／スロバキア／ギリシャ
2007	19	76				ボルネオ（ブルネオ）／スイス／フランス
2008	20	77				エジプト
2009	21	78	同特別顧問			
2010	22	79				台湾周遊／モロッコ／敦煌
2011	23	80				イギリス／フランス
2012	24	81				カナダ－ニューヨーク
2013	25	82				シンガポール／オーストラリア
2014	26	83				南イタリア
2015	27	84				
2016	28	85		春日井の家		
2017	29	86		東区の家		
2018	30	87				
2019	令和元	88				

1990年「世界デザイン博」
設計連合の仲間たちと。
写真中央が鋤納忠治

2008年　エジプトにて妻と

著者紹介

鋤納忠治…すきのう・ただはる…

1931年 大阪府豊中市生まれ

1950年 京都工芸繊維大学工芸学部建築工芸学科入学

1954年 大学卒業後、日建設計に入社、名古屋事務所勤務

1967年 日建設計を辞め、伊藤建築設計事務所の創立メンバーとなる

1983年 伊藤建築設計事務所代表取締役社長

1997年 同・代表取締役会長、2001年同・取締役相談役

2009年 同・特別顧問

[取材協力]
グランフォート目黒

[図版・写真提供]
鋤納忠治・伊藤建築設計事務所

建築家とは 2

鋤納忠治の設計術

2020年2月15日　初版第1刷発行

著者……鋤納忠治

発行者……企業組合 建築ジャーナル　小田保彦

〒101-0032 東京都千代田区岩本町3-2-1 共同ビル4F
TEL 03-3861-8104　FAX 03-3861-8205
URL: http://www.kj-web.or.jp/

編集……山崎太資
西川直子
雨宮明日香

写真……井上 玄／
川津陽一／田中昌彦／兼松紘一郎／須藤和也

ブックデザイン……鈴木一誌＋吉見友希

DTP……桜井雄一郎＋佐野淳子

校閲……岩田敦子

印刷・製本……倉敷印刷 株式会社

定価はカバーに表示されています。

 ISBN978-4-86035-113-7